ファーストクラスCAの心をつかんだ
マナーを超えた「気くばり」

CAメディア代表取締役
清水裕美子

青春出版社

はじめに――「気くばり」は人生の強力な武器となる

「気くばりを制する人は人生を制する」

そう言っても過言ではないほど、機内で出会った超一流のお客様は「気くばりの達人」でした。

それは、人に対してだけでなく、自分自身に対しても、です。

「気くばり」というと、仕事をスムーズにするため、あるいは接客の際にするものというイメージが強いかもしれません。私自身、新卒で日本航空の客室乗務員（CA＝キャビンアテンダント）になった当時は、「気くばり」は人間関係がうまくいく潤滑油、くらいにしか思っていませんでした。

しかし、ファーストクラスをはじめ、機内でさまざまなお客様とお会いしているうちに、超一流のお客様は皆、CAの心をぐっとつかむような「気くばり」をしていることに気づいたのです。

それも、ただの「気くばり」ではありません。

マナー通りの気くばりが「一流」だとしたら、マナーを超え、そこに心をこめているのが「超一流」の気くばりです。

このような「マナーを超えた気くばり」は、初対面の人がたちまちファンになり、仕事や人間関係もうまくいく、人生の強力な武器となるのです。

本書では、CAとして機内で出会った超一流のお客様の会話やふるまい、マインド、セルフマネジメントなどについてまとめました。

また、私自身の経験だけでなく、私が運営する日本初のCAが発信する総合情報サイト「CAメディア」のメンバーにも取材し、日本だけでなく世界のさまざまなエアラインでの接客エピソードも紹介しています。

序章「なぜ、超一流の人ほど礼儀正しいのか」では、その礼儀正しさがCAのあいだであとあとまで語り継がれているようなエピソードと、超一流ほど礼儀正しい理由を紐解いていきます。

第1章「たったひとことで心をつかむ会話術」では、一瞬で周囲の人をファンにしてしまう超一流のコミュニケーション術についてご紹介します。職場でも家庭でも実践できるようなものばかりです。

第2章「超一流はまわりに振り回されない」では、周囲の人やトラブル、不測の事態など、自分でコントロールできないものに振り回されず、常に平和で安定した態度を崩さない、超一流のマインド術をご紹介します。実践することで余裕のある穏やかな心が手に入るはずです。

第3章「物も時間も大切にするのが超一流」では、ファーストクラスやVIPのお客様の機内での過ごし方についてご紹介します。超一流の完璧にオーガナイズ（計画化）された機内での過ごし方やこだわりには、物の選び方や時間の使い方など日常生活にも役立つヒントがたくさん詰まっています。

第4章「ファーストクラスに乗る人が、あえてブランド物を着ない理由」では、ファーストクラスのお客様の服装の特徴や身だしなみへのこだわりをご紹介します。セルフモニタリング能力を身につけ、より効果的な服装選びができるようになるはずです。

なお、本書のなかでは「超一流」というワードが多く出てきますが、地位や肩書きだけではなく、考え方や人や物への対応、立ち居ふるまいなど、「総合的に人として超一流である」という意味で使っています。

これらの習慣が身につけば身につくほど、もっと穏やかな心でスムーズに人生を送れると思いませんか。

皆様の生活のなかに落とし込めるヒントが1つでもあれば幸いです。

ファーストクラスCAの心をつかんだ
マナーを超えた「気くばり」
目次

第1章 たったひとことで心をつかむ会話術
超一流のコミュニケーションの極意

第2章 超一流はまわりに振り回されない

いつも余裕がある人のマインド

第3章 物も時間も大切にするのが超一流
CAも驚いた！ 機内でのスマートな過ごし方

第4章 ファーストクラスに乗る人が、あえてブランド物を着ない理由
相手に与える印象を第一に考える

本文デザイン　新井美樹

序章

なぜ、超一流の人ほど礼儀正しいのか

ファーストクラスCAだけが知っている共通点

超一流は立ち去ったあとにも感動を残す——
「使用後」が驚くほど美しい

皇室の方のさくらんぼの美しい食べ方

「立つ鳥跡を濁さず」という言葉の通り、超一流の方は飛行機を降機されたあと、化粧室を使われたあと、食事をされたあとが驚くほどきれいで驚かされます。

多くのVIPフライトを担当された田中公子さん（元日系エアラインCA）は、ある皇室の方のさくらんぼの種の処理に感動したことをよく覚えているそうです。

「お食事のあと、フルーツでさくらんぼをお出ししたのですが、お懐紙《かいし》をさっと取り出し慣れた手つきで種袋をつくり、そのなかにさりげなく種を出し、くるくると袋を丸めた状態でお皿のすみに置かれました。その一連の流れがとても自然で美しかったのです。私達がその袋を捨てるだけでいいように、ちゃんと片付ける人のことまで配慮してくださっているのだということが伝わってきました」

降りたあとに噂されるお客様

あるファーストクラス上顧客のご夫妻は、降機後の座席が非の打ち所がないくらい完璧だったといいます。ゴミは1つも落ちておらず、リーフレットも元通り。毛布の四隅も餅を切ったみたいにきちっと畳まれていて、シートベルトも乗務員がセットしたかのようにきれいなハの字に戻されている。あまりのきれいさに、CAのあいだでも噂になるほどだったそうです。

あとに残されたCAや清掃に入るスタッフのことまで考えてくださっているからこそのことでしょう。その後の掃除が楽ということよりも、こちらの気持ちを考えてくださったということに感動を覚えます。

また、お客様が捨ててほしいと思い置いていかれたものでも、こちらとしては捨てていいものなのか忘れ物なのか判断に迷ってしまうようなこともあります。

その点、「これ、捨てておいていただけますか?」と一声かけてくださる方には配慮を感じます。

感動を残す化粧室の使い方

化粧室の使い方がとてもきれいなのも共通しています。

こまめな化粧室のチェックもCAの大切な仕事の1つです。ファーストクラスでは、1人使われるごとにシンクの水はねを拭くなどの清掃をさりげなくおこなうのですが、水がはねているようなことはほとんどありません。化粧室のなかを覗いているわけではないのでわかりませんが、きっと拭いてくださっているのでしょう。

また、歯ブラシやマウスウォッシュ、ひげそりなどのアメニティも、乱れることなくきれいな状態のまま数が減っていきます。「本当に使われたのかな」と疑問に思ってしまうくらい、元通りのきれいな状態になっています。

ある有名女優さんが使用したあとの化粧室がとてもいい香りがしたという噂が広まったこともありました。その方ご自身がいい香りがしたというよりも、使用後の化粧室がいい香りがしたというほうが、不思議と配慮を感じるものです。

立ち去ったあとの美しさと人間性は比例する

　また、田中さんは、「トイレの使い方や去ったあとの美しさは、人間性と比例する」と言います。

　元日系エアラインCAの濱田《はまだ》結香さんも、こう話します。

「私が勤務していた航空会社では、機内清掃もCAがおこなっていました。飛行機も小型のものが多かったため、どの席にどんなお客様がお座りだったかも、だいたい覚えています。私の経験上、降りたあとがとてもきれいなお客様は、たいてい機内での対応もとても気持ちいいものでした。降りたあとの座席の美しさは、そのお客様の素晴らしさをより裏付けるようなものです。立ち去ったあとの美しさと人間性は比例すると感じました」

　超一流の方の「マナーを超えた気くばり」は、去ったあとにも余韻を残し、周囲の人の心をつかむのです。

超一流は見返りを求めない――損得より大切にしていること

飛行機でも家の延長のように過ごす理由

ファーストクラスのお客様の機内での過ごし方を見ていると、飛行機だから何か特別なことをするのではなく、家の延長のような考えで過ごされているように感じます。機内の〝サービス〟にフォーカスするのではなく、〝過ごし方〟にフォーカスされているのです。

ＣＡがファーストクラスの訓練を受ける際、どのエアラインでも言及されるのが、その金額のこと。特に欧米線のファーストクラスでは片道１００万円以上かかることも多いため、それに見合った質の高いサービスを提供できるように、しっかりと教育されます。

しかし、気合いを入れてファーストクラスのサービスに臨むとまず驚くのが、お客様が何も望まれないということ。

普段会食をすることが多いから、飛行機のなかでは胃を休めたいからと、有名シェフとコラボレーションした高級食材をふんだんに使った機内食もあっさりとキャンセルされたり、希少価値の高いシャンパンやワインにも見向きもせずずっとお休みになっていたり、「用があるときにはコールボタンを押すからそれ以外のときは気をつかわないで」とおっしゃるお客様もいらっしゃいます。

高い金額を払っているのだから、それなりの見返りを求められることが当然だと思っていた私は、衝撃を受けました。

100万円払っても何も求めない

はじめてファーストクラスを担当した際、思わず先輩に「こんなに高いお金を払って乗っているのにもったいないですよね」と驚きの声をもらしたところ、「ファーストクラスのお客様はいつもこうよ」と言われました。

最初は「もっといろいろ頼んでくださっていいのに」と思っていたのですが、お客様は決して遠慮をして頼まないわけではなく、必要ないから頼んでいないだけということがだんだんとわかってきました。

見返りを求める、元を取るという考えではなく、ただ快適に平和に過ごしたいだけで、そのために時間と空間にお金を払っていらっしゃるのだなと思いました。

これは、ファーストクラスを担当したCAが皆感じていることです。

元外資系エアラインのCAで、現在は女優として活動する藤原絵里さんは言います。

「日本発着路線のファーストクラスではお寿司を提供することもあり、特別な訓練を受けないと乗務できません。それにもかかわらず、お客様に人気なのはお茶漬けやうどんといった軽めのものばかり。食事キャンセルのお客様もたくさんいらっしゃいます。せっかくのお寿司なのでぜひ食べていただきたいという気持ちの半面、一流の方は本当に損得よりも自分に必要なものだけを選ばれるのだなと実感しました」

寝ていただけなのに「ありがとう」と言って降りていかれるお客様

また、藤原さんには、ファーストクラスのお客様の感覚に脱帽した、こんなエピソードがあるそうです。

「あるとき、機材トラブルの関係で、本来ならファーストクラスの設定がある便を、ビジネスクラスまでしかない機材で運航することになりました。その便でファーストクラスの予約をされていた上顧客のお客様に、空港スタッフから事情を説明し、ファーストクラス分の代金は返金するので、ビジネスクラスに変更させていただけないかと申し出たところ、『返金はいらないから、いつも通りファーストクラスのサービスをしてほしい』と言われたそうです。もちろん座席はビジネスクラスのもの、お食事やドリンク、アメニティなどの機内搭載品もビジネスクラスのものしかないことは、ご了承いただいたうえでのことです。

いざ飛行機にお乗りになると、そのお客様はお食事をキャンセルされ、ずっとお休みになっていました。寝起きにコーヒーをお飲みになったくらいです。そして『今日も期待を裏切らないサービスをありがとう！』とおっしゃって降りていかれたのです。

私達がしたことを振り返ってみて思い当たることといえば、お客様にコールボタンを押されることのないように心がけたことくらいです。日本人の『言われる前に察する文化』とは違い、海外では頼まれる前にこちらからあれこれアプローチすることは余計なお世話と思われてしまうこともあります。そのため、お客様がお目覚めになったらさりげなくゆっくりキャビンを歩き、お客様が声をかけやすいシチュエーションをつくるといったことを意識していました。

この日のハード面はすべてビジネスクラスのものでしたが、『ソフト面ではファーストクラスのサービスを』と思い、皆で頑張っていたので、お客様にこのようなお言葉をかけていただきとても嬉《うれ》しかったとともに、お客様がファーストクラスに求められていたものは、物ではなく心だったのだと気づく機会になりました」

見返りを求めないことで手に入る心の平和

「何か特別なことをしたわけではないのに、『ありがとう』と頻繁《ひんぱん》に言われる」というのは、ファーストクラスを担当するCAのあいだではよく言われていることです。

「ありがとう」と言われて嬉しい半面、「改めて御礼を言われるほどのことをできただろうか」ととまどいを覚えた経験のあるCAは少なくないと思います。

でもきっとお客様は、お金を払った対価として何をしてもらったかということではなく、CAが安全で快適なフライトのためにおこなっている基本的な業務や、お客様のニーズにこたえるための気づかいなど、私達にとっては当然と思っている領域のことに対して「ありがとう」と言ってくださっているのではないかと感じます。

エコノミークラスでも決して安い金額ではない飛行機の運賃。これだけお金を払っているんだから、と損得勘定が生まれてしまいがちな状況です。特にビジネスクラスに乗ると、会社のお金で乗っていたとしても、えらくなったような気分になってしまうということも少なくありません。

そんな機内でも、見返りを求めず自分軸を貫く超一流の方に触れ、ビュッフェなどで「元を取ろう！」と張り切って食べていた過去の自分を恥じるとともに、見返りを求めないことで手に入る心の平和というものを、私自身学ばせていただきました。

超一流はサービスを受けるプロ——
相手のいい面を最大限引き出す

相手を気持ちよくさせる、超一流のサービスの受け方

私が新人の頃、先輩に「一流の方はサービスを受け慣れているから、すごくサービスしやすいわよ」と言われたことがあります。

当時はなんとなく「そうなんだな」くらいにしか思っていなかったのですが、今はその先輩が言っていた意味がとてもよくわかります。

「サービスを受け慣れている」というのは、常連だからとえらそうな態度をとるという意味ではなく、「最高のサービスを引き出すようなサービスの受け方をする」という意味です。

超一流はいわば「サービスを受けるプロ」。サービスを提供する側が、相手が気持ちよくなるように気づかうことは当然ですが、サービスを受ける側であっても相手が気持ちよく

なるよう常に気づかってくださっているのです。

感じのいいものの頼み方や希望の伝え方、サービスする側を気づかった感謝の伝え方、周囲の人が皆心地よい時間を過ごせるようなマナーや配慮など、すべてがとてもスマートで、相手を気持ちよくさせます。

CAを育てる超一流のお客様

あるCAは、「飲食店を経営している知人が、『常連のお客様にはお1人で来店されるときも4名掛けの席を用意しないといけないんだよ』と話していたのを聞いて、お店側の立場に立って『相席でもいいよ！』と言うのが本当の常連さんではないかと思った」と話していました。

本当にその通りで、機内でも上顧客の超一流のお客様は、いつも私達の立場に立って考えてくださいます。

そのような超一流のお客様は、私がCAとして働いていた年数よりも、ずっと長い年月、一流のサービスを受けてこられたのだと思います。

今振り返ってみると、サービスを受けるプロであるお客様が、まだまだ接客の初心者であった私が動きやすいように優しく配慮してくださっていたのだなと思う経験がたくさんありました。

前に紹介した田中公子さんも、「ファーストクラスのお客様に育てていただいた」という表現をされています。

いいサービスが受けられるかは自分次第

〝サービスする側〟が、よりよいサービスを提供することができるような気くばりをしてくれるのが〝サービスを受けるプロ〟。

そのことに気づいてから、私自身、レストランなどで少し残念なサービスを受けたときも、「私が『サービスを受けるプロ』といえるふるまいができていたか」と振り返るようになりました。

そうしているうちに、オーダーの仕方がわかりづらかったのかもしれない、一度に複数のお願いをしてしまったから覚えきれなかったのかもしれない……など、相手からいいサービスを引き出せなかった自分にも原因があることがわかりました。

逆に、「こんな服を探していて」「この色は似合わない気がしていて」などと店員さんと話をするなかで打ち解けていき、結果的に探していた以上の素敵な服を提案していただけたときなどには、もちろんその店員さんの実力なのですが、〝サービスを受ける側〟としてもその店員さんの最高のサービスを引き出すふるまいができたのかな、と勝手に気分がよくなってしまうこともあります。

人間関係を運任せにしない

そう考えると、いいサービスが受けられるかどうかは、ある程度自分次第であるといえます。

相手がどんな人、どんな態度であっても常に最高のサービスができるに越したことはありませんが、人間はロボットではありません。威圧的な態度をとられると緊張して失敗してしまったり、逆に相手とスムーズにコミュニケーションがとれるとより相手の立場に立ったサービスを提供できたりと、お客様に左右されてしまうことが少なからずあるはずです。

サービスを受ける際には、相手が気持ちよくサービスできるような気くばりを自分自身ができているか、見直してみるといいかもしれません。

これはサービスを受ける場面だけではなく、職場や家庭など人間関係すべてにおいてもいえることです。

最高のサービスを引き出すということは、相手のいい部分を引き出すということ。同じ人間であっても見る人によって「親切な人」という意見もあれば「自分勝手な人」という意見もあるのは、自分が相手のどの面を引き出しているかによるものともいえます。

仕事でもプライベートでもサービスを受ける場面でも、常に相手のいい面を引き出すふるまいをすると決めれば、相手任せ、運任せではない、よりよい経験ができるはずです。

超一流は気まずい状況も笑いに変える――
ミスをミスと思わせない神対応

ユーモアで相手のミスを笑いに変換

ファーストクラスを担当して感じたことが、ユーモアのあるお客様が多いということです。お笑い芸人のように人を笑わせるという意味ではなく、普通の会話でもクスッと笑ってしまうような、ウィットに富んだ言葉選びや表現をされるのです。

それが特に際立つのが、相手がミスをしてしまったとき。失敗を責め立てないばかりか、たったひとことで笑いに変換してしまうのです。

「上顧客のお客様の情報を共有するために、お客様の嗜好《しこう》などを記載したメモがあるのですが、それが誤ってそのお客様ご自身の目に入ってしまうという、あり得ないミスが起こってしまったときのことです。気分を害されてしまうかと思ったのですが、なんと『全部

合ってます』と笑って対応してくださったのです」（現役外資系エアラインCA）

「搭乗中、お客様とお話をするために腰をかがめた際、お恥ずかしいことに、私の背後にお座りだったお客様の膝に私のお尻がちょこんと乗ってしまい、お客様の膝の上に座った状態になってしまいました。ハッと振り返り、すぐにお詫びを申し上げたのですが、そのお客様は笑顔で『光栄です』と笑いに変えてくださいました」（元日系エアラインCA）

相手のミスをミスと思わせない心づかい

たったひとことで気まずい状況を一変させてしまう超一流の方のセンスと心づかいには、いつも脱帽させられます。

私自身の経験なのですが、化粧室の鍵がかかっていなかったのでノックをしてドアを開けたところ、ビジネスマンの方が入っていらっしゃったということがありました。幸い手を洗われているところだったのですが、慌てて「失礼いたしました！」と言いドアを閉め、出てこられた際に改めて謝罪しようと思っていたところ、お客様のほうから「いや〜、お見苦しい姿を失礼いたしました」と笑いながら出てきてくださったことがありました。

また、はじめてファーストクラスを担当した際、使用するグラスがビジネスクラスとは違っていたため、誤ってワイングラスでシャンパンを提供してしまったことがありました。そして、いつもより多い量を注いでしまったことによって酔いが回ってしまわれたのか、お客様がお食事の途中でお休みになってしまったのです。

お目覚めになった際に謝罪に伺うと、「いつもは睡眠導入剤を飲まないと眠れないんだけど、おかげで今日はこれまでで一番よく眠れたよ。ありがとう」と笑いながらおっしゃってくださったのです。

私のミスをミスと感じさせないような優しい心づかいに感動しました。

ユーモアは心の余裕のあらわれ

ミスをしてしまったこちらもつい笑顔になってしまうような超一流の方の「マナーを超えた気くばり」は、第1章で登場する、相手の心を解きほぐす「太陽フレーズ」とも通じるところがあります。

このような機転やユーモアは一日にして身につくものではありません。だからこそ、ふとした瞬間にこのような対応ができるお客様は、日頃から部下や店員のミスにも機転の利いた対応をされていて、まわりに笑顔があふれているのだろうなと想像してしまいます。

また、ユーモアは心に余裕があることのあらわれであるとも感じます。イライラしているときやあせっているときには、どんなに笑いのセンスがある人でもユーモアのある対応は難しいものです。

相手を気づかう気持ちとユーモアのセンス、そして心の余裕のすべてが揃ったときに、このような「マナーを超えた気くばり」が生まれるのでしょう。

第1章

たったひとことで心をつかむ会話術

超一流のコミュニケーションの極意

超一流は挨拶の大切さを知っている——第一印象で失敗すると挽回が難しい

挨拶だけでCAをファンにする超一流のお客様

ファーストクラスにお乗りになる方を見ていると、基本的なことを丁寧にしっかりとおこなっていることに気づきます。代表的なのが挨拶です。

人の第一印象は数秒で決まるといわれていますが、この数秒のうちに交わすことのできる言葉は挨拶くらいではないでしょうか。

「挨拶なんて当然してるよ」と思われるかもしれませんが、搭乗中、「こんにちは」「ご搭乗ありがとうございます」と搭乗御礼の挨拶をするCAに返事をしてくださるお客様は想像以上に少ないのです。だからこそ、しっかり目を見て「こんにちは」と返してくださるお客様は印象に残ります。

そして超一流のお客様は、挨拶の時点で「マナーを超えた気くばり」が感じられ、相手がファンになってしまうのです。

元日系エアラインCAで、現在はエアライン講師として活動する浅井厚衣《あい》さんは、あるVIPの女性がお乗りになったときのことを、こう振り返ります。

「ボーディングブリッジで姿が見えたときから、両手で手を振るほどのフレンドリーさで、『皆さん、お疲れ様です！　よろしくお願いします！』と1人ひとりに満面の笑みで挨拶をしてくださいました。おそらく自分が乗ることでCAが緊張しているだろうということを察して、気をつかってくださったのだと思います。海外でのお仕事のあとでお疲れだったはずなのに、そんなことは微塵《みじん》も感じさせない明るさで、その場でのピリピリとした緊張感漂う空気を和らげてくださり、同じ女性として尊敬と憧れの念を抱きました」

また、ファーストクラスでは、「本日担当させていただく○○と申します。よろしくお願いいたします」などと挨拶をするのですが、ある有名女性歌手の方は、立ち上がって「○○と申します。今日はよろしくお願いします」と1人ひとりの目を見て丁寧に挨拶され、その場にいたCAが心をつかまれたそうです。

上に立つ人間ほど、1人ひとりの目を見て伝える

心をつかまれる挨拶ポイントとして、「1人ひとりの目を見て」というキーワードがよくあがります。そして人の上に立つことが多い一流の方ほど、1人ひとりの大切さをわかっているからか、たくさんいるCAに対してもそれぞれの目を見て挨拶しようと意識してくださる傾向があります。

あるサッカーチームの選手の方々が乗られた際、一番有名な選手がほかの選手全員が降りるまで待って、最後にCA全員に対して1人ひとり「ありがとう」と笑顔で挨拶して降りていかれたそうです。フライト中はずっとお休みされていて会話を交わすことはなかったそうですが、その最後の挨拶でその方の人となりや心のゆとりを感じ、担当したCAは、一流には一流たる所以《ゆえん》があると感じたといいます。

また、ある有名な野球監督の方は、飛行機を降りる際に、近くにいる乗務員に「ありがとうございました」と丁寧に挨拶をしたうえで、後ろのほうにいるCAにも見えるように

お辞儀をして降りていかれたそうです。1人ひとりを大切にされる姿を見て、その監督が選手やまわりの関係者から慕われる理由がよくわかったといいます。

挨拶に「今日は長いね」「今日は揺れそうだね」など、ひとこと付け加えてくださる方も多いです。

クレームを未然に防ぐ第一印象の重要性

CAは第一印象の重要性について訓練でみっちりと学ぶのですが、実際のフライトのなかで改めてその重要性を実感することがよくあります。

ほとんどのお客様とは、飛行機が着陸したらもう顔を合わせることがないであろう一期《いちご》一会《いちえ》のご縁です。それが、フライトタイムが40分ほどの国内の短距離路線ともなると、最初の印象が悪いと挽回《ばんかい》することがとても難しいのです。

逆に最初の印象がいいと、例えばサービスが間に合わずにすべてのお客様にお飲み物が行きわたらないようなことがあったとしても、クレームにはつながりにくいものです。

元日系エアラインCAで現在はエグゼクティブ・マナー・コンサルタントとして活動す

る香山万由理さんは、「第一印象で悪い印象を与えてしまった場合、それを挽回するには8回以上のポジティブなアクションが必要」と話しています。

社内で長い時間を共にするような場合は可能かもしれませんが、多くの場合このような時間はありませんよね。

そのため、最初の挨拶に命をかけているといっても過言ではないほどのCAですが、そのような私達から見ても、超一流の方は挨拶をとても大切に考えられていると思います。

何か特別なことをしなくても、心のこもった挨拶だけで人間性は伝わるものです。

日本人は恥ずかしいからか相手の目を見ずにうつむき加減で軽く会釈だけする人も多いですが、だからこそしっかり相手の目を見て笑顔で挨拶をするだけでも、印象は大きく変わるものです。

超一流は相手を名前で呼ぶ——「スタッフ」ではなく「1人の人間」として接する

自己紹介で名前を覚える

CAとお客様は〝接客する側〟と〝される側〟という関係ではありますが、1人の人間同士として心が触れ合うような経験をすることがあります。そのようなときに、私達はとても嬉しい気持ちになります。そのきっかけとなるのが「名前」です。

CAはファーストクラス、ビジネスクラスではお客様を「○○様」と名前でお呼びするのですが、超一流の方は私達のことも「○○さん」と名前で呼んでくださることがとても多いのです。

最初に挨拶に伺った際に「本日担当させていただく○○と申します」と自己紹介をするのですが、そのときに「○○さんね、よろしくお願いします」と返してくださったり、担当ではないCAに対しても、ネームプレートを見て名前を呼んでくださるお客様もいらっしゃいます。

そしてその後も名前を覚えていてくださるのです。

お茶会で名前を呼んでくださった皇室の方

田中公子さんは、皇室フライトを担当された際、皇室の方がフライトのあとも名前を覚えてくださっていて驚いた経験をこのように話しています。

「皇室フライトのあとには、御所で開かれるお茶会やお食事会にお招きいただくことがあるのですが、こちらから名乗る前に『田中さんでしたね、機内ではお世話になりましたね。あのときはこうでしたね』と話しかけてくださるのです。お茶会にはたくさんのお客様がいらっしゃるなか、フライトでご一緒しただけのＣＡの名前や機内での出来事を覚えてくださっていることに感動しました」


元日系エアラインＣＡの若狭遥さんには、名前に関する忘れられない思い出があるそうです。

「ファーストクラスにお乗りだったご年輩のご夫婦に、『今日は若狭さんとご一緒できてよかった。ありがとう』と言っていただき、自分自身の退職間近だったこともあり、ついその場で涙ぐんでしまいました。何か特別なことをして差し上げたわけではなく、特にハプニングも起こらなかった、ただただいつもの平和なフライトだったはずなのに、このように感謝していただけたこと、そして何より名前を呼んで伝えてくださったことに感動しました。感謝を伝えるときは相手の名前を呼ぶことでよりダイレクトに気持ちが伝わるということを、お客様に教えていただきました」

日本ではこのように名前で呼ばれることは印象に残る特別なことですが、海外では名前で呼ぶ場面が、日本と比べかなり多いようです。

「私が勤務していたエアラインは外国人のお客様が多いこともあるかもしれませんが、ちょっと呼び止めるときなども『すみません』などではなく、必ず名前で呼んでくださいました。また、何かサービスをするたびに「ありがとう」と言ってくださるのですが、その際も名前を呼んでから『ありがとう』と言ってくださいます。小さなことなのですが、とても嬉しかったのを覚えています」

と、外資系エアラインに勤務していた藤原絵里さんが話すように、とっさのときにもさっと相手の名前が出るくらい、相手の名前を呼ぶという文化が浸透しているのです。

名前を呼ぶことは、相手を尊重していることのあらわれ

超一流の方が名前を覚えてくださるというのは、記憶力の問題というよりも、1人の人間として相手を尊重して接しているからのように思えます。

チャーターフライトなどで往復を同じお客様とご一緒した際に、往路便でした雑談の内容をすべて覚えていてくださって、帰路便で話題に出してくださったという話もあります。

このようなときは、その場しのぎの会話ではなく、1人の人間として接してくださっていることが伝わってきて嬉しいものです。

また、「お客様に話しかけたいとき、CAが近寄っていくとヘッドホンを外して目を合わせて聞こうとしてくださる人には感動を覚えます。人間として真剣に相手の話を聞こうとしてくれる姿勢って大事だなと教わりました」と話すCAもいます。

接客する側とされる側、ついお互いに垣根をつくってしまいがちですが、そもそもお互い1人の人間同士なのだということを、超一流の方は常に意識していらっしゃるように感

じます。

1人の人間として尊重する姿勢で接してもらえた人は、喜びと感動を覚え、「今度から私もこうしよう」と尊重の輪が広がっていくように思います。

超一流はフレンドリー――

距離を縮める「スポットカンバセーション」

ＣＡ全員をファンにしたサッカー日本代表選手の言動

ＣＡの仕事をしていると、大企業の社長さんやアスリート、芸能人など普段テレビのなかでしか拝見したことがないような方と機内でお会いすることも多いのですが、そのような方に限ってとてもフレンドリーに接してくださり、驚かされることがあります。

前にご紹介した女性ＶＩＰの方のように、自分の顔が知れていて少なからず相手が緊張して構えてしまっているだろうということを察してか、自ら一歩歩み寄って距離を縮めてくれようとします。

元外資系エアラインＣＡの大高千穂美さんからは、こんな話を聞きました。

「今では集まることもないかもしれない、当時のサッカー日本代表選手の方々がお乗りになったときのことです。選手の方々が機内に設けたビジネスクラスラウンジにいらっしゃって、とても気さくにいろいろな話をしてくださいました。

私の勤務していたエアラインはさまざまな国籍のＣＡが乗務しているのですが、ＣＡがどこの出身か当てようとしたり、その国の言語が話せる選手はその言語で会話するなど、国籍に関係なく心を開いて接してくださいました。皆さん本当に日本代表ということを忘れてしまうほど気さくで、世界で活躍しているからこそのインターナショナルなマインドを持っていらっしゃって、ＣＡ全員でファンになってしまうほどでした」

オリンピックのメダリストの方が、機内でお客様との写真撮影に快く応じていたり、ＣＡにメダルをかけさせてくださったという話もあります。

肩書きや功績ではなく人間性に触れたときファンになる

「某国民的男性アイドルグループが搭乗された際、まったく気取らない対応で、少し構えてしまっていたこちらの緊張を解きほぐしてくださいました。何かお持ちするとしっかりと目を見て『ありがとうございます！』と御礼を欠かさず、マスクをされていたのですが、目元の表情だけでも笑顔で受け答えしてくださっている様子が伝わってきて、思わず好きになっちゃいそうになりました。人気の理由がわかった気がしました」というエピソードもありました。

私自身、海外で女子サッカーの大会が開催された際、宿泊していたホテルが偶然選手の皆様と同じだったことがあります。

ホテル内で選手の方々を見かけた際、その場にいたCA仲間と「頑張ってください！」とお声掛けしたところ、笑顔で「ありがとうございます！　頑張ります！」と返してくださったのですが、その表情、声、態度から人間性が伝わってきて、ファンになってしまいました。

正直に申し上げると、それまで女子サッカーについてほとんど知らなかったのですが、その国で開催された試合はもちろん、帰国してからもテレビにかじりついて涙ながらに応援するほどになりました。

自分の功績やすごさをアピールすることで相手を従えようとする人もいますが、人の心が本当に動かされるのは、その人の肩書きや功績ではなく、人間性に触れたときではないでしょうか。

簡単なようで難しい「雑談」

有名人の方に限らず、超一流のお客様は会話で相手との距離を縮めるのがとても上手です。

例えば、お正月のフライトのときには「年越しそばは食べられました？」「初詣はどこか行ったんですか？」など、踏み込みすぎず皆が楽しめるような話題を提供してくださいます。お客様同士の会話に、ＣＡを交ぜてくださるようなシチュエーションも少なくありません。

ＣＡが接客するうえで心がけていることの１つに、「スポットカンバセーション」というものがあります。

「お飲み物は何になさいますか？」といったサービスをおこなううえで必要な会話だけでなく、例えば外の景色を眺めているお客様には「もうすぐ見えてくるのが○○島ですよ」

とご案内したり、お子様連れのお客様に「お子様は飛行機にお乗りになるのははじめてですか？」とお伺いするなど、短い会話のキャッチボールをおこなうというものです。簡単にいうと「雑談」のようなものです。

会話の糸口を見つけるのも、長話にならない程度に調整するのも意外と難しく、新人の頃はドキドキしながらスポットカンバセーションをおこなっていた記憶があります。

超一流の方はこのスポットカンバセーションに慣れていらっしゃって、話題づくりや距離のとり方がとても上手だと感じます。

初対面の相手との会話は、どこまで踏み込んでいいのか誰しも迷うところです。特に相手が目上の人や著名人ならなおさらです。超一流の方は、そのようなときに相手が緊張することのないように、自ら心の扉を開いて歩み寄ってくださいます。そんな気くばりに感動して、相手はファンになっていくのです。

超一流はクレームを言わない――クレームと思われない4つの賢い伝え方

相手にクレームと思わせずに意見を伝える

機内では、さまざまなクレームの場面に出くわすことがあります。

上の棚に空いているスペースがない、荷物を床に置きたくない、食事の希望が通らなかった、ビジネスクラスが満席で予約できなかった、サービスをスキップされた、ＣＡがなかなか来ない、座席の個人用画面が故障していた、飛行機が遅れたなどなど、内容は多岐にわたります。

機内という特殊な環境はクレームも起こりやすい状況でもあるのですが、「超一流の方はクレームを言わない」というのは、多くのＣＡが口を揃えて言うことです。

それは、クレームを言うのを我慢しているのではなく、相手にクレームと思われないような上手な伝え方をしているからです。

ここでは、CAがさすがだなと感じた事例を4つにカテゴリー分けしてご紹介いたします。実例を交えて解説していきましょう。

①そよ風のようにサラッと軽やかに伝える「そよ風法」

まずは、疑問に思ったことやモヤモヤすることを、その場でサラッと伝える「そよ風法」です。もっとも頻度が高く、自然に使われているものです。

「お食事サービス中、お客様のワイングラスが空《から》になっていることに気づいても、忙しくてすぐに行けないようなこともあります。『グラスが空いているのにCAが来ない』とクレームになってもおかしくない状況ですが、超一流の方は不機嫌になることなくフラットに『お代わりください』と伝えてくださいます」

「多くのエアラインではビジネスクラスのアメニティとしてスリッパが用意されていると思うのですが、私が勤務していたエアラインではビジネスクラスにスリッパの用意がありませんでした。あるスポーツ選手が乗られた際、スリッパを頼まれたのですが、ない旨をお伝えすると『そうなんだ！　びっくり！』と、驚いたことは素直に表現しつつも、嫌な顔をすることなくサラリと返してくださいました」

ほかにも、化粧室が汚れていた際に「汚れてたよ！」とサラッと伝えてくださったり、CAの歯に口紅が付いていたときにご自身の歯をポンポンと指さして伝えるといった事例があります。

普通はなかなか伝えにくいマイナスのことでも、余計な感情をのせずに軽やかに伝えるのが「そよ風法」。そよ風のようにサラッと軽やかに過ぎ去ってしまうので、後腐れがないのが特徴です。

②相手を否定せず意見を求める「クエスチョン法」

真っ向から「間違ってますよ」と言うのではなく、「いつもと違うけど、変わったんですか？」というように、「私が知らないだけかもしれないので教えてください」というスタンスで聞くのが「クエスチョン法」です。

本当に相手の不手際ではなくシステムが変わったというようなケースもあるので、そのような場合にも恥をかかなくてすみます。

また、機内販売で希望の品が売り切れてしまったときに、文句を言う代わりに「ほかに同じくらいの予算でお土産になるようないいものないかな?」と相談ベースで聞いてくださるお客様もいらっしゃいます。

ご希望を詳しくお伺いして相談にのった結果、もともと買う予定だったものよりも満足のいくものが見つかったというケースも少なくありません。

はなから相手を否定してかからないことで、いい結果につながるのが「クエスチョン法」です。

③相手の失敗をさりげなく気づかせる上級の配慮「シグナル法」

次は、ダイレクトに伝えるのではなく、相手に自ら気づいてもらえるように仕向ける「シグナル法」です。

「ファーストクラスでシャンパンを誤ってワイングラスで持って行ってしまったとき、『あれ?』と不思議そうな表情をされ、私が新人だったからか、『あれあれ?(これってシャンパングラスだっけ?・)』とユーモアのある表情で私にミスを気づかせてくれたお客様がいらっしゃいました。私も『あ！　失礼いたしました』と笑って対応できるような空気感をつくってくれたことに、1つ上を行くお客様の心づかいを感じました。日本人の場合、あれっと思っても表情に出さず、あとからクレームになることも多いなか、その場で率直に伝えてくださったお客様に感謝です」

「食事中、バスケットにパンを入れて持ち回りをしていたとき、同じパンを2度目に食べたお客様に『最初のパン、すごく美味しかったよ』と笑顔で言われました。そのときふと、持ち回りしているうちにパンが冷めてしまったのではないかと気づき、急いでキッチンに戻り確かめてみると、やはりパンが冷めて固くなっていました。クレームになってもおかしくない状況なのに、さりげなく伝えてくださったお客様に頭が下がります」

サラッと伝えるのでもなく、質問するのでもなく、相手が自ら学びを得るようにさりげなくシグナルを出すという、やや上級の配慮です。

④高度なクレームテクニック「ネタクレーム法」

機内食は肉料理や魚料理など、何種類かの料理を選べるようになっているのが一般的です。お客様には順番にミールチョイスを伺っていくのですが、人気のあるものは品切れになってしまうことがよくあります。あるCAはお食事の選択ができなくなってしまい、お客様にお断りに伺ったところ、「いいですよ」と笑顔で受け入れてくださったうえで、「僕いつも断られちゃうんだよね。これで3回連続！」と笑顔で言われたそうです。それを聞いたCAは「そうだったのですね。大変申し訳ございませんでした」と謝罪しつつも、つい一緒に笑ってしまうような和やかな雰囲気だったといいます。

言っている内容としては「3回連続ミールチョイスを断られた」ということで、普通にこれを伝えたらクレームになってしまうような内容です。しかし、それをネタとして笑いに変えることで相手にクレームとは思わせない、その場の雰囲気を壊さないという、とても高度なテクニックです。

ちなみに、担当したCAはすぐに引き継ぎシードにその旨を記載し、次回はお断りをすることがないように伝えたそうです。

クレームと意見を分ける決定的な違い

以上、4つの手法をご紹介しましたが、クレームとご意見の違いをつくるのは、そこにどのような感情がのっているかというところにあります。

怒りの感情とともに意見や要望を伝えるとクレームと受け取られるのに対し、これらの例のようにフラットな状態や笑いを交えて意見を伝えてくださると、同じことを伝えたとしてもクレームとは受け取られません。マイナスのことも感じよく伝えることは、まさに「マナーを超えた気くばり」といえます。

心のなかで疑問やモヤモヤを抱えたまま家まで持ち帰ってしまうと、あとあと怒りの感情が大きくなり、爆発してクレームになることもあります。精神衛生上もよいとはいえません。

自分が我慢することなく、相手に嫌な思いをさせることもなく意見を伝えるために、「そよ風法」「クエスチョン法」「シグナル法」「ネタクレーム法」の4つの手法を活用してみてください。

超一流は「言葉のギフト」を贈る――
「具体的褒め」でモチベーションを上げる

超一流は褒め上手

超一流のお客様は、人の上に立つ立場の人が多いからか、人を動かすのがとても上手だと感じることがよくあります。それも、命令して無理矢理動かすのではなく、相手が自発的に気持ちよく動きたくなるような状況をつくるのがうまいのです。

「お食事を召し上がるスピードが速いお客様を担当したときのこと。食事が終盤に差し掛かったので、そろそろ食後のコーヒーかな、と予測し用意してスタンバイしていました。そして予想通り食後のコーヒーを頼まれたので、すぐにお持ちしたところ、『ちょうどいいタイミングでコーヒー持ってきてくれてありがとう、さすがだね』というお言葉をいただきました。いいところを具体的に褒めてくれるとやりがいにもつながりますし、次も頑張ろうと思います。大企業の上層部のお客様でしたが、きっと部下のいいところもたくさん見つけて褒めてあげる、いい上司なんだろうなと勝手に想像してしまいます」

というエピソードもあります。

褒めるためには、よく見てよく感じること

こちらのエピソードのように、超一流のお客様は、こまめに御礼を言い、こまめに褒めてくださいます。


例えばお食事サービスの際も、ただ「ありがとう」と言うだけでなく、

「今日も美味しかったよ、ありがとう」

「ありがとう、準備大変だったよね」

「ありがとう、盛り付けがきれいだね」

など、そのバリエーションの豊かさに驚いてしまうほど、こちらを気づかうさまざまな言葉を添えてくださるのです。


このような「具体的褒め」をされることで、何に対しての「ありがとう」なのかとてもわかりやすく、こちらの見えない部分での努力もわかってくださったのだと嬉しくなりま

す。具体的に御礼を伝えることは、相手の行動をよく見て、自分がどう感じたかを常に意識していなければできないことです。

外国人に学ぶ褒め方のバリエーション

日本人に比べ、外国籍のお客様は率直に感情を表現するため、褒め方のバリエーションも豊富で学ぶことが多いようです。ある外資系エアラインのCAの方からは、こんなエピソードを聞きました。

「コカ・コーラが大好きで何度もお代わりされるお客様を担当した際、こちらから『お代わりいかがですか?』とアプローチするようにしたところ「I like your service.（いいサービスをありがとう）」というお言葉をいただきました」

「外国籍のお客様は日本人と違い、頼まれる前にこちらが察して動くと余計なお世話と思われてしまうこともあります。そのため、お客様が声をかけやすいように機内をゆっくり歩くようにしているのですが、ちょうどお客様が何かを頼みたいタイミングで通りかかると、『Good timing!（いいところに来たね！）』と言って喜んでくださいます」

日本人のお客様でも、航行中に化粧室に頻繁に立たれていたので、着陸前のシートベルトサインが点灯する前にお声掛けをしたところ「ありがとう！　気が利くなあ！」と関西弁でストレートに感謝の気持ちを伝えてくださり嬉しかった、というエピソードもあります。

アンケートに添えられた「言葉のギフト」

「褒める」ということからは少しずれますが、こんな言葉のギフトの贈り方もあります。

浅井厚衣さんの、あるフライトでの話です。

「東南アジアの深夜便ではお休みになるお客様も多いので、到着前のお食事提供の要・不要について、皆様にアンケートを記入していただいていました。あるとき、有名スポーツ選手の方がお乗りだったのですが、受け取ったそのアンケートの隅に、さりげなく『お疲れさまです。よろしくお願いいたします』と労《ねぎら》いのメッセージが書かれていました。満席で忙しいなかでも、ほっこり心が温かくなったのを覚えています。貫禄ある華やかな見た目とは反対に、その繊細な心づかいと優しさにとても嬉しくなりました」

アンケートに回答するという何気なく終わらせてしまいがちな作業のなかでも、相手を気づかう言葉を添えることができるこの方は、きっと普段からいろいろな場面で「言葉のギフト」を贈っているのだろうなと想像してしまいますね。

「具体的褒め」でパフォーマンスが上がる

お客様にとってよりよいサービスになるようにCAは頭をフル回転させ、日々試行錯誤しながらサービスに当たっています。だからこそ、その努力を感じ取ってくださって具体的に褒めてくださると、とても嬉しい気持ちになるのです。

そして、厳しく注意をされるよりも、褒められたほうが「次からもより頑張ろう！」というやる気が湧いてきてパフォーマンスが上がるものです。

大高千穂美さんは、かつてお客様からかけられた言葉を今でも覚えているといいます。

「長いフライトのあと、お客様が降機する際に『Thank you for your service!（どうもありがとう！）』とか『It was a great service!（素晴らしいサービスでしたよ！）』などと言ってくださると疲れが吹き飛び、達成感で泣きそうになることもありました」

これほどまでに言葉の力は偉大なのです。

さらに、具体的に褒められるとこんなに嬉しい気持ちになるのだということを学んだCAは、自分がサービスを受ける側になったとき、今度は自分が具体的に感謝の気持ちを伝えようという気持ちになります。

苦手な上司、夫婦ゲンカにも効果を発揮する「具体的褒め」

「具体的褒め」は、接客の場面だけでなく、ビジネスの場、家庭でも効果を発揮します。

部下が当然の仕事をしたとしても、そのなかでよかった部分を見つけて褒めることでモチベーションの向上につながります。また、褒めるというと上の立場の人が下の立場の人に対しておこなうイメージがありますが、逆の立場でも非常に効果的に使うことができます。

私はCA時代、上司や先輩の優れているところや学びたいと思うところがあれば、「〇〇さんのこういうところにすごく憧れているんです。ぜひ教えてください！」と言葉にして伝えるようにしていました。私自身、後輩からそのように言われたときはとても嬉しい気持ちになり、積極的に教えてあげたいと思ったものです。この「具体的褒め」は厳しい先輩との関係を円滑にするのにも非常に効果を感じました。

さらに、家庭円満にも役立ちます。

特に無償労働である家事は、誰にも気づいてもらえないとモチベーションが下がりがちです。

「家でご飯を食べると一日の疲れが吹き飛ぶよ！」

「ハンカチにきれいにアイロンがかかっていて気持ちよかったよ！」

など、具体的に褒めることで、言われた側はやってよかったという気持ちになり、ストレス軽減とモチベーション向上につながるはずです。

ただ御礼を言うだけではなく、そこに「具体的褒め」を添えることによって、相手のモチベーションが上がり、相手のパフォーマンスが上がることで、自分もさらにいいリターンを受けることができる。そして今度はその相手が誰かを具体的に褒めるようになる。

そんなwin‐winの好循環のきっかけとなるのが「言葉のギフト」なのです。

超一流は喜び上手——
チャーミングに喜ぶことでまわりも嬉しくさせる

超一流と「モテる女性」との共通点

超一流の方は褒め上手であると同時に、喜び上手でもあります。それも、何かものすごいことをしたわけではなく、CAとしては当然のことをしただけなのに、こちらの想像を超える喜びを表現してくださるのです。

「海外から日本に帰る便で、機内でご飯を炊いてお客様にお出ししたところ、『うわー！食べたかったんだよね、白いお米が！』と大喜びされ、とても美味しそうに召し上がってくださいました。こちらとしてはただ普通にご飯をお出ししただけなのに、こんなに喜んでくださるとは思っておらず、私までとても嬉しい気分になりました。そんなお客様の笑顔を見ると、少しでも美味しく炊き上がる方法を研究したくなってしまいます」

元日系エアラインCAで、現在は婚活マナー講師として活動する森下あさみさんは、モテる女性は喜び上手だといいます。

「ちょっとしたプレゼントをもらったときや、落としたものを拾ってくれたときなど、ささいなことでも大きく感謝と喜びを表現することで、女性に喜んでもらいたいという男性の心は満たされ、喜んでもらえるようなことを、またしたくなるものです」

超一流の方にも、そんな喜び上手のモテる女性と通じるところがあるように感じます。

「やってよかった」と思わせる超一流アスリートの喜び方

元日系エアラインCAの和倉奈緒恵さんの話です。

「WBC（ワールド・ベースボール・クラシック）の日本代表御一行様がお乗りになった際、世界一になったお祝いの気持ちとして、機内で胸ポケットに入るくらいの小さい花束のようなものをつくり、皆でプレゼントさせていただきました。すると、とても喜んでくださり、特にその監督は日本到着後、乗り継ぎをして地元の空港に着くまで、ずっと胸ポケットにさしていてくださったのです。本当にささやかなものだったにもかかわらず、そこまでしてくださって、私達もとても嬉しい気持ちになりました」

「あるスポーツチームの選手の方々が搭乗された際、選手の1人にお誕生日の方がいらっしゃいました。CAたちでメッセージカードを書き、ささやかなお祝いをしたところ、後日チームのブログにその選手の満面の笑みの写真とともに、機内でお祝いしてもらって大喜びでしたという内容が掲載されているのを発見しました！　その場で喜んでいただけただけでも十分嬉しかったのに、その後も喜んでくださっている様子が伝わってきて、心が温かくなりました」

というエピソードもあります。

物ではなく心づかいに喜ぶ

モテる女性は喜び上手という例をあげましたが、女性はプレゼントそのものへの喜び以上に、「きっと悩んで選んでくれたんだろうな」「平日は仕事が忙しいから休日にわざわざ買いに行ってくれたのかな」など、プレゼントを贈るに至るまでの相手の気持ちや行動を想像して、それが嬉しいから演技ではなく素直に感謝と喜びが表現できると考えられます。

森下さんは、「うわべだけ取り繕った喜びの演技は相手にすぐ見抜かれてしまいます。心から感謝と喜びの気持ちを感じるためには、日頃から、相手のなかに入って相手の心をイメージする訓練をすることが大切です」と話しています。目の前の物、行為だけではなく、相手の心づかいに想いを馳《は》せることで、感謝も喜びも倍増するはずです。

男女に関係なく、自分が何かしたことによって相手が喜んでくれている姿は、何よりも嬉しいものです。「もっと喜んでもらいたい！」と思うのは男性に限ったことではありません。

逆に反応が乏しいと、相当メンタルの強い人でない限り、「迷惑だったのかな」「もうしないほうがいいかな」と、必要最低限のことだけですませるようになってしまうのではないでしょうか。

相手から何かしてもらったときには、ただマナーとして御礼を伝えるだけではなく、相手の心づかいを汲《く》んで感謝と喜びを惜し気なく表現するという気くばりを添えることで、どんな御礼にも勝る誠意を相手に伝えることができます。

特に男性は女性に比べて感情を表現するのが苦手な人が多いからこそ、この項で例にあげたように、チャーミングに喜びを表現できる人は魅力的に映るのです。

超一流の差がつくひとこと――「クッション言葉」と「太陽フレーズ」で心をつかむ

すんなりと相手の心に届ける「クッション言葉」

プラスアルファのひとことが効果を発揮するのは、感謝の気持ちを伝える場面だけではありません。

「物は言いよう」という言葉の通り、同じことを伝えるのでも、たったひとことプラスされることで、受け取る側の印象が大きく変わることがよくあります。

そして超一流の方は、言葉の選び方や伝え方がとても上手だと感動することがあります。

例えば、何かリクエストがある際には必ず「急がないから」「いつでも大丈夫なので」とこちらを気づかうひとことを添えてくださいます。このような言葉を添えると、持ってくるのが遅くなるのではないかと思われる方もいらっしゃるかもしれませんが、サービスする側としては、このように言われたからといって、優先度が下がることはありません。むしろ、「少しでも早くお持ちしたい」と思ってしまうのが人間の心理ではないでしょうか。

クッション言葉のバリエーションを持つとコミュニケーションがスムーズに

CAが接客するうえで心がけていることの1つに、「クッション言葉」というものがあります。言葉が相手の心に与える衝撃を緩和するクッションのような役割をする言葉のことで、同じことを伝えるのでも、この「クッション言葉」があることで柔らかいニュアンスになり、すんなりと相手の心に届きやすくなります。

例えば、離陸前に座席の背もたれを戻していただきたいときには、「座席の背もたれをお戻しください」と伝えるよりも、「おくつろぎのところ申し訳ないのですが、座席の背もたれをお戻しいただけますか？」と伝えたほうが柔らかい印象になりますよね。

荷物の収納をお願いしたいときも、「毎度のことで恐縮なのですが、お荷物を前のお座席の下にお入れいただけますか？」というように「クッション言葉」を添えることで、「いつも同じことをお願いしてしまい恐縮です」という気持ちを伝えることができます。

ビジネスシーンでよく使用される、「お忙しいところ恐れ入りますが」「お手数をおかけいたしますが」も代表的な「クッション言葉」です。この「クッション言葉」のバリエーションをたくさん持っていると、コミュニケーションがとてもスムーズになるのです。

つまり、「クッション言葉」は相手を気づかう言葉といえます。そして、超一流のお客様は「クッション言葉」を会話のなかで自然に使用されているのです。

「太陽フレーズ」で一生忘れられない人になる

さらに、超一流のお客様はクッション言葉のさらに一歩上をいく「太陽フレーズ」で、相手の心を解きほぐします。

「太陽フレーズ」とは私が命名したものですが、相手の不安や緊張を解きほぐす太陽のようなフレーズによって、疑いの念なく素直に言葉を受け取れるようになるものです。

マイナスをプラスに変える「太陽フレーズ」の魔法

例えば、「お食事の選択肢がなくなってしまい、お肉希望だったお客様にお魚をお出しすることになったときのこと。食器を下げる際に再度謝罪したところ『すごく美味しかったからこっちにして正解だったよ』と言ってくださり、とても安心しました」というエピソードがあります。

このとき、もし「大丈夫ですよ」と言っていただけたとしても、CAの心のなかでは、「本心では大丈夫と思っていないのではないか」「ご希望に添えず申し訳なかった」など、不安やモヤモヤが残ってしまっていたはずです。しかしこのような「太陽フレーズ」を添えてくださったことで、CAは晴れ晴れした心になることができたのです。

同じような例で、お客様にベリーニ（シャンパンベースの桃のカクテル）を頼まれたのに、誤ってミモザ（シャンパンベースのオレンジのカクテル）をお出ししてしまったときのこと。お客様はその場では何も言わずにお飲みになっていたのですが、CAがあとから間違いに気づき謝罪に行ったところ、「あ、そういえばそうだったね。でもどっちにしようか迷ってたし、とても美味しかったからこっちでよかったよ。ありがとう」と言ってくださったという話もあります。

どれも、もともとは一番希望のものが手に入らなかったというマイナスのシチュエーションでしたが、「太陽フレーズ」によって、まるで魔法のように、結果的にそれでよかったというプラスのシチュエーションに変えています。

ＣＡへの気くばりと同時に、手に入らなかったものに執着せず、常にその状況のいいところに目を向ける、超一流の方のポジティブさも垣間見る《かいまみ》ことができます。

失敗だらけだったＣＡを救った、お客様の予想外のひとこと

「私がファーストクラスの訓練を受けて間もない頃、ファーストクラスにインド人のお客様がお乗りになりました。インド訛り《なま》の強い英語でうまく聞き取れないことも多く、終始コミュニケーションが上手にとれずに、頼まれたものを忘れてしまうこともありました。

挙げ句の果てにワイングラスを倒してしまい、『もう怒られる！』と覚悟しながらこぼれたワインを拭いている私に、予想外の言葉が。『Relax. It's all right. You are doing great!（落ち着いて、大丈夫！　君はうまくやっているよ！）』という言葉をかけてくださったのです。

私のサービスはそれはもうひどいものだったのに、まさかこんな言葉をかけていただくとは思わず、泣きそうになってしまいましたが、その後はリラックスしてしっかりサービスをおこなうことができました。私の緊張とあせりを感じ取り、緊張をほぐすような言葉をかけてくださったお客様の心づかいに感謝です」（元外資系エアラインＣＡ）

相手のミスやミールチョイスをお断りされたときの対応として、「大丈夫ですよ」だけでもマナーとしてはまったく問題ありません。

しかし、そこに「太陽フレーズ」という気くばりを添えることで、相手の心のわだかまりをスーッと解きほぐすことができるのです。

そしてその経験は、いつまでも相手の心のなかに温かい記憶として残り続けます。

電話やメールこそ「クッション言葉」を活用する

最近では在宅勤務を取り入れている企業も増え、同じ職場内でも対面ではなく電話やメールでやりとりすることも増えてきています。

電話やメールでのやりとりでは、表情や温度感が伝わりにくいため、対面のときと同じ言葉を使っても、きつい印象を与えてしまいがちです。

メールはさらに声もトーンもわからないので注意が必要です。つい必要な用件のみ送ってしまいがちなメールですが、メールこそ「クッション言葉」と「太陽フレーズ」をおおいに活用するよう心がけましょう。コミュニケーションがスムーズになり、要望も快く受け入れてもらいやすくなるはずです。

超一流が驚くほど謙虚な理由――
聞き上手になって相手を立てる

年下にも命令口調、友達口調は使わない

これまでのエピソードからも感じ取っていただけたかと思いますが、超一流の方はとても謙虚なのです。誰もが認めるような地位や実績を手にしている方に限って、「何でこんなに謙虚なんだろう」と驚いてしまうくらい謙虚です。

CAのあいだでは、お客様に「君は私がどんなにすごい人か知らないだろう」というような態度をとられたという話もよくあるのですが、超一流の方はまずこのような態度をとりません。自分を大きく見せようとするどころか、「同じ人間ですよね」というスタンスで歩み寄ってきてくださいます。

そのため、まずは言葉づかいがとても丁寧です。どんなに年輩の方であっても、初対面では敬語、丁寧語で話されます。命令口調や友達口調で話しかけるようなことはありません。

もちろん、会話をするなかで打ち解けて言葉づかいがフランクになっていくことはありますが、それでもなれなれしすぎず、相手を尊重した話し方をされます。同行している部下や関係者にもえらそうな言葉づかいはされていません。

風通しのいい職場をつくる、聞き上手な上司

また、聞き上手な方が多いのも特徴です。

会話のなかで自分のことを話すよりも、「フライトでは何が大変ですか?」「○○でおすすめのお店はありますか?」など、CAの話を聞こうとしてくださる方が多いです。ニコニコと相槌《あいづち》を打ちながら聞いてくださるので、こちらもつい、いろいろとお話ししたくなってしまうほどです。

それはCAに対してだけでなく、同行されている秘書や関係者に対しても同様です。上層部の方であっても、独断で決めるのではなく、例えばワイン1本開けるときでも、ポジションに関係なく、皆の意見を取り入れようとする姿勢が感じられます。

何かトラブルが起こってしまった際も、「普通はこうでしょ」と自分の考えや主張を押しつけることはなく、「そういう考えもあるんですね!」「こういうケースもあるんですね!」

と多様な意見を受け入れる姿勢を崩さず、物事を俯瞰《ふかん》してとらえていらっしゃるような印象を受けます。

理想的な職場をあらわす言葉として、「風通しのいい職場」という言葉が使われますが、このような上司がいる職場は、きっと部下も発言しやすく風通しがいいのだろうなと思われます。

ＣＡ時代、よく「大きなトラブルに発展するのを防ぐために、少しでも気になることがあればすぐに報告しましょう」と言われていました。

しかし、頭ではわかっていてもどうしても言いづらい先輩というのも存在します。そのようなときは「気のせいかもしれない」「自力でなんとかしよう」などと思ってしまい、報告が遅れたり、トラブルにつながってしまった苦い経験もあります。逆に、気軽に相談しやすい雰囲気の先輩には、少しでも気になることがあれば迷うことなく報告することができます。

私が勤務していた航空会社では、基本的に一緒にフライトをするグループというものがありました。振り返ってみると、聞き上手で話しやすい雰囲気のチーフのグループのときは、トラブルも最小限にとどめることができ、お客様からのお褒めのコメントも多く、機内販売の成績もいい傾向にありました。

上司が風通しのいい雰囲気をつくることで、部下は働きやすくなりパフォーマンスが上がるというのは、どの職場でも同じなのではないでしょうか。

自分を大きく見せようとする態度は逆に小さく見せてしまう

機内でお会いする超一流のお客様はあまりに謙虚なので、もしかしたら「今は自分がお客様の立場だけど、明日には目の前にいるCAが自分の会社の製品やサービスのお客様になるかもしれないから、好印象を与えておこう」という計算が働いているのではないかと思ったこともありました。

しかし、ふとしたときに出る言葉づかいや相手の意見を聞き入れる姿勢、話しやすい雰囲気などは簡単につくれるものではありません。やはり利害を考えているのではなく、本質的に礼儀正しさが身についていらっしゃるのだと思います。

CAは退職後、大手企業の役員秘書、高級ホテルのコンシェルジュ、会員制のクリニックなど、ＶＩＰと日常的に接する仕事につくケースが少なくないのですが、やはり超一流の方は謙虚で腰が低いと皆口を揃えて言います。このことからも、機内だから礼儀正しくしているというわけではないことがわかります。

男性のなかには、謙虚な姿勢だと相手に見くびられてしまうのではないかと思っている人もいるかもしれませんが、それは逆です。謙虚な姿勢をとることができるということは、それだけ自分自身に自信があるということのあらわれです。

反対に、人から称賛を浴びようと自分を誇示したり、相手に負けを認めさせようとまくしたてるように話したりする姿からは、自信のなさと余裕のなさが感じられませんか。自分を大きく見せようとする態度が、逆にみじめに映ってしまっているようなケースもあるようです。

内面に確固たる自信と信念を持っているからこそ、丁寧な物腰で相手の話に耳を傾け、謙虚で柔らかく人と接することができる。超一流の方からはこのような共通点が感じられます。

超一流はアイコンタクトで敬意を示す――
好感を与える「ラストアイコンタクト」

超一流と普通を分ける「アイコンタクト」

日本人は外国人に比べてアイコンタクトが苦手な傾向がありますが、超一流の方は外国人に引けを取らないくらい相手の目をしっかり見て対応します。超一流とそうでない方の差はアイコンタクトにあるというCAの意見も多く聞かれます。

「WBC日本代表選手の方々が搭乗されたときのこと。皆様とても礼儀正しく感じがよかったのですが、なぜそう感じたかと紐解いていくとアイコンタクトだったと思います。しっかりと目を見て『ありがとう』と言ってくださるなど、ささいなことの積み重ねでも、印象は大きく変わります。野球選手が搭乗されたことはほかにもありますが、WBC日本代表選手の方々のアイコンタクトは格別でした」

「あるサッカーチームの方々が搭乗された際、ゲームに夢中の選手が多く、お飲み物を伺った際も画面から目を離さずにオーダーされる方が多かったのですが、誰もが知っている有名な選手の方だけが、しっかりと目を見て対応してくださったのが印象的でした」

「私が勤務していたエアラインは、国内のさまざまな都市に就航しているため、映画の撮影に向かう俳優の方や、地方巡業の芸人さんなど、芸能人の方もよく乗られていました。そのなかで感じたのが、誰もが知っている有名な方ほどこちらの目をちゃんと見てくだり、コミュニケーションがとりやすいということです。マネージャーさんにオーダーを伝えさせるようなこともせず、きちんとご自身でオーダーされる姿にも好感を覚えました」

アイコンタクトは初対面での不安を取り除く

フライトではCAにとっても、ほぼすべてのお客様が初対面の方。どんなに接客に慣れていて、笑顔で対応していても、やはり最初は「このお客様はどんな方だろう」という不安は少なからずあるものです。

それを取り払ってくれるのがアイコンタクトです。目を合わせてひとこと交わすだけで、その方の人柄が伝わってきて、初対面の壁はかなり取り払われます。

逆に、目を合わせていただけないと、コミュニケーションがとりづらく、その方の感情がわからないため不安になってしまいます。例えばお飲み物をお伺いした際も、目を合わせずにオーダーされたり、寝たふりをされたりすると、お客様にとっては何の悪気もなかったとしても、「迷惑だったかな」と思ってしまうのです。

目をそらす日本人、笑顔で断る外国人

日本人のアイコンタクトの癖が顕著に感じられたのが、機内販売の商品を持ち回っていたときです。

「機内販売はいかがでしょうか?」と商品を持って機内を歩いていると、多くの日本人の方は目が合いそうになるとサッとそらされます。おそらく「買うつもりがないのに目が合ってしまったら気まずい」「薦められて断るのが気まずい」という思いからでしょう。私自身、無意識のうちにそのようにしてしまうことがあるのでよくわかります。

それが、外国人のお客様の場合は、目が合ったときもそらさずに、笑顔で「No, thank

you.」とおっしゃいます。はっきりと断られているのですが、こちらの心情としては目をそらされるよりも不思議とずっと気持ちがいいのです。

もちろん機内販売を買ってくださることも嬉しいですが、アイコンタクトでお客様とささやかなコミュニケーションをとることも、とても嬉しいものです。そのことに気づいてから、私は街中でティッシュを渡されたときも、無言で会釈して断るのではなく目を合わせて笑顔で「大丈夫です」と断るようになりました。

CAが徹底的に訓練される「ラストアイコンタクト」

CAの新人訓練では、アイコンタクトの重要性をみっちりと教わります。そのなかでも効果的だと感じたのが「ラストアイコンタクト」というものです。

ラストアイコンタクトとは、何かの動作を終えたあと、最後にもう一度相手の目を見るというものです。例えばコーヒーをお出しする場合の例で説明しましょう。

1　「コーヒーでございます」とお客様の目を見て言う

2 目線をコーヒーカップに移し、テーブルにコーヒーを置く

3 最後にもう一度お客様の目を見て微笑む（このときに「ごゆっくりどうぞ」などの言葉を添えることもあります）

このように、2で終わってしまわずに、最後にもう一度相手の目を見るのが「ラストアイコンタクト」です。

「ありがとうございました」とお辞儀をして立ち去る際も、お辞儀をしてそのまま立ち去ってしまうのではなく、もう一度顔を上げて相手の目を見て微笑むことで印象が大きく変わります。

実は私はカフェでドリンクを受け取る際などにも、どんな接客をしているのかつい観察してしまうのですが、感じのいい店員さんは必ず「ラストアイコンタクト」をされています。「ラストアイコンタクト」は接客業の人だけのものではありません。

例えば、自分がお客様の立場でお茶を出された際、ちゃんと相手の目を見て「ありがとうございます」と言っていますか？　御礼は言っていても、お茶を見たまま、相手に目を向けずに「ありがとう」と言っている人がかなり多く見受けられます。

超一流の方は、お客様の立場であっても、この「ラストアイコンタクト」を自然に実践されています。きっと常日頃から習慣になっているのでしょう。

目を合わせることは相手に敬意を払うこと

目を合わせることに恥ずかしさがあったり断ることを申し訳なく思うのは、日本人ならではの繊細な心ゆえのことだと思いますが、目を合わせてもらえないことは想像以上に悲しいことなのだということを、私はＣＡの仕事を通して学びました。

相手の目をしっかり見て伝えるということは、「あなたにしっかりと向き合っていますよ」というメッセージを伝えているようなもの、つまり相手に敬意を払っていることではないでしょうか。

グローバル化が進んでいるとはいえ、日本人はまだまだアイコンタクトが苦手な方が多いと感じます。そんななか、グローバルな場で活躍されている超一流の日本人の方は、いい意味で日本人離れしたアイコンタクトによる気くばりを身につけられていて、それが「普通」との差を生んでいるのです。

アフターコロナ時代のCAの働き方はどうなる?——

女性の新たなライフスタイルを提唱する「CA Lifestyle Creations」

新型コロナウィルスの影響で、世界中の航空会社が大打撃を受けました。そして、そこで働くCAも、フライトの多くがキャンセルになって自宅待機を余儀なくされたり、休業に追い込まれるなど、大きな影響を受けました。

私のもとにも現役CAの方々から「今後、CAの仕事だけでは不安だからサイドキャリアを築きたい」「CAという枠にとらわれずスキルアップしたい」など、多くの声が届きました。

そんな女性達をサポートするため、「CA Lifestyle Creations(CAライフスタイル クリエーションズ)」というコミュニティを立ち上げました。

好きな仕事・働き方をして、マイベストなライフスタイルをクリエイトするCA・元CAのコミュニティで、スキルアップからブランディング、起業支援、活躍の場の拡大までトータルでサポートをおこないます。

子育てしながら起業するママ、大好きな田舎を拠点に都会で働くデュアルライフを送る女性、得意分野を活かしパラレルキャリアを築く女性——そんな女性達のさまざまなライフスタイルを発信することで、働き方に悩んでいる女性の何かのヒントになればと思っています。

この本のカバーの裏袖にQRコードを載せましたので、ぜひご覧ください。

私自身、CAをやめて起業した背景には、JAL破綻のときに感じた「大企業にいても安泰な時代ではない」という想いがありました。

当時、多くの日系エアラインではほとんどの場合副業不可で、SNS規定も厳しかったため、何かほかのキャリアも築きたいと思ったときには、退職するしかありませんでした。

退職後、外資系エアラインでは副業が認められているところも多く、CAの仕事をしながらサイドキャリアを築いている人も多いことにとても驚き、うらやましく思いました。

新型コロナウィルスでほとんどのフライトが欠航となったアメリカの航空会社では、多くのCAが休業に追い込まれてしまいましたが、副業で不動産業を営んでいたCAは、ニューヨーク市内から郊外に引っ越したいという需要で大忙しだったといいます。

このように、1つの会社や組織に依存しない働き方は、リスクヘッジにつながることはもちろん、さまざまな視点を持つことによって、それぞれの仕事にとってもプラスに働くと考えられます。

結婚、出産などのライフステージの変化に応じて、また転勤、病気、介護、会社の倒産、そして新型コロナウィルスのような感染症など、自分の力ではどうにもならないような局面にもしなやかに対応できるようなキャリアを築くことは、これからの時代ますます求められるのではないかと、今回改めて感じました。

日系エアラインの副業規定も、私が在職していた時代よりは少しずつ条件も緩和されてきているようですが、個人の興味や得意分野を存分に活かすことができる多様な働き方が認められるようになると、航空業界にも新たな風が吹きこむのではないかと、個人的には思っています。

第2章

超一流はまわりに振り回されない

いつも余裕がある人のマインド

超一流は人を当てにしない――
自分のことは自分でやる

大病をされた大物芸能人の機内での姿

超一流というと、お付きの人がたくさんいて、まわりがすべて面倒を見てくれるというようなイメージを持っている部分がありましたが、実際は正反対でした。

確かに、お付きの人がいるケースも少なくはないのですが、それであっても自分のことは当然のように自分でされていらっしゃるのです。

「あるとき、大物芸能人の方を担当しました。その方は大きな病気をされたあとで、歩行や日常的な動作にかなり不自由されているご様子でした。お化粧室に立たれた際、足元が危なかったのでお手伝いを申し出たのですが、丁寧にお断りになり、お1人でしっかり歩いて行かれました。まわりにはお付きの方がたくさんいらっしゃったのですが、頼らずに自分のことは自分でしようとされていました。何でも当然のようにまわりの人にさせている方も多いなか、身体が不自由になっても自分のことを当たり前のように自分でしようとする姿に、人間としての尊厳を見た気がして胸打たれました。何でもお手伝いすることが必ずしもお客様にとって望むことではない、ということを教えていただいたエピソードです」（濱田結香さん）

「自分のことは自分で」は人としてのエチケット

ファーストクラスでは手荷物収納を手伝うことがほとんどないというのも、CAのあいだでは有名な話です。皆様、当然のようにご自身で収納されるのです。

そこには、そもそも人の手を借りないと収納できないような大きな荷物は持ち込まないという配慮も感じられます。

また、大物政治家や有名芸能人であっても、秘書やマネージャーにオーダーさせるようなことはなく、欲しいものがあるときにはきちんとご自身でCAを呼び、ご自身の口でオーダーされています。

「自分のことは自分で」というのは、持ち物にもあらわれています。

例えば、機内では入国書類を記入する際などにボールペンを貸してほしいと頼まれることがよくあります。到着間際には機内のボールペンも自分で用意したボールペンもすべて出払ってしまい、そのまま返ってこないということもよくあることです。

しかし、ファーストクラスでは「ボールペンを貸して」と頼まれることはありません。皆様ご自身で愛用のペンをお持ちになっているからです。

自分で収納できないような荷物は持ち込まない、必要なものは自分で持参するというように、自分のことは自分で責任を取れるようにしていると、手荷物収納を手伝ってほしいときに近くにCAがいなくてイライラすることも、ペンを借りたいのに全部出払っていて書類を書くタイミングを逃すことも防げます。

丁寧な言い回しをしたり、人を助けたりと、直接人に何かをするわけではないため、あまりフォーカスされることがない事柄ではありますが、自分のことは自分でするというのは、人の手を煩わせないための立派な気くばりです。

お手伝いさん任せにしない大富豪

大高千穂美さんが、ある中東の大富豪のファミリーを担当したときのことです。父親、母親、お子様4名、お手伝いさん1名という家族構成でした。

「このような場合、ご両親だけがファーストクラス、お子様とお手伝いさんがビジネスクラスに乗り、お手伝いさんがお子様の面倒を見るというパターンが多いのですが、このご家族は全員ビジネスクラスに乗られていて、ご両親が自らお子様の面倒を見ていたことに驚きました。

食事の際も、『子どもが食べてから食べるので、あとで持ってきてもらえませんか？』と頼まれ、ご両親自らお子様の食事の世話をされていました。それ以外でも、お手伝いさんは基本的に荷物の整理などを担当し、お子様のお世話は基本的にすべてご両親がされていました。お子様は皆10歳以下の年齢でしたが、機内でも騒がず、ジュースなどをお持ちするとしっかり御礼を言い、とても礼儀正しい様子でした」

すべてお手伝いさん任せの人も多いなか、自分たちでしっかりと子どもの面倒を見ている様子に感動したといいます。

「サービスする側と受ける側は対等」と考える外国人

日本人と外国人のサービスを受けるときのスタンスの違いについて、このような意見もあります。

「海外では子どもの頃から自分のことは自分でするようにしつけられるからか、地位に関係なく自分のことは自分でされる方が多いです。一方、〝お客様は神様〟という文化のある日本人は、至れり尽くせりのサービスを求められる方が多い印象です。日本人の『いいサービスを受けて当然』という考え方と、外国人の『サービスする側と受ける側は対等な立場』というスタンスの違いをとても感じます」（元外資系エアラインCA）

もちろんさまざまな事情で人の手を借りなければならない場合もあると思いますし、すべて自分でやらなければならないということではありません。

私自身、親切な人にお世話になったことが数えきれないくらいあります。そのため、私も困っている人がいたら助けになりたいと思いますし、機内ではCAが喜んでお手伝いさせていただきます。

しかし、「自分のことは自分でする」という前提があったうえでお願いするのと、「してもらって当然」という気持ちでお願いするのでは、サービスをする側の気持ちはまったく変わってきます。

「ありがとう」が自然に出る理由

超一流のお客様はとにかくこまめに感謝の言葉をおっしゃるというのも、CAのあいだでよく言われていることです。頼まれたものをお持ちしたり、お食事のサービスをしたり、CAとしては当然のことをしたときであっても、超一流のお客様はその都度必ず御礼をおっしゃるのです。

それはただ単に礼儀正しいということだけではなく、「自分のことは自分でやる」という考えが根底にあるからのように感じます。

だからこそ、たとえお金を払ってサービスを受けていても「やってもらって当然」という態度ではなく、相手の気くばりが感じられ、自然と感謝の言葉が出るのではないでしょうか。

超一流はイライラしない──
思い通りにならないことを受け入れる

飛行機が遅延したときの超一流の対応

トラブルが起こったときに人の本質がわかるとよくいわれますが、実際に、何か不測の事態が起こったときこそ、超一流の方の素晴らしさに感動させられます。

例えば飛行機が遅延してしまったとき。乗り継ぎ便があったり、到着後に大切な会議があったりするお客様も多いはずです。動揺しても仕方ないシチュエーションだと思うのですが、超一流の方はイライラしたり感情的になったりされません。

「VIPの方を乗せたフライトが、大幅に遅延してしまいました。遅延の対応についていろいろ質問があるかと覚悟していたのですが、質問は『今、携帯電話使っても大丈夫?』ということだけ。その後はご自身で淡々とその後の予定の調整をされたり、お連れ様との会話を楽しんだり、その時間をどう過ごすかにフォーカスされていました。謝罪に伺った際も『どうなっているの?』と催促されることもなく、『仕方のないことだから大丈夫だよ』と理解を示してくださいました」(現役外資系エアラインCA)

「飛行機が遅延した際お客様に謝罪に行くと、『あなたの責任ではないから』と逆に励ましてくださり、私をリラックスさせるためお連れ様との会話に交ぜてくださったり、ジョークを言うなどの気づかいをしてくださいました」(元外資系エアラインCA)

あたふたせずにどんと構え、質問は合理的なものだけで、CAを気づかう言葉までかけてくださる。

超一流の方の対応には、そんな共通点が見られます。

どうにもならない状況を理解する

「フライト中、ある外国人のお客様の座席の個人用画面が映らなくなってしまいました。機械をリセットするなど考え得る対応をすべておこなったのですが復旧せず、ほかに移動できる空席もなく、お客様に謝罪したところ『僕は大丈夫だけど、帰りの便までに直るといいね』というお言葉をかけてくださいました。どうしようもない状況を理解してくださるとともに、私達の立場や次の便のお客様のことまで気にかけてくださる懐の深さに感動しました」(元外資系エアラインCA)

これはまさに第1章で紹介した「太陽フレーズ」ですね。

遅延の対応と同様、超一流のお客様は、どうにもならないことがあるということを理解してくださり、CAに対しても無理難題や過剰な要求をすることはありません。

このような姿を見ていると、超一流の方は「サービスしてもらうのが当然」と思っていないのと同様に、「物事が予定通りスムーズにいくことが当然」とも思っていないのではないかと思わされます。

当然だと思っていることがそうならないとイライラしたり動揺したりしてしまいますが、トラブルは付き物と考えていらっしゃるから、どんと構えて冷静な対応ができるのではないでしょうか。

例えば、機内食やドリンクのラインナップ、アメニティなどについても、希望のものがなくお断りすることになってしまっても、「あ、そうなんだ！　じゃあ大丈夫！」というようにこちらに気をつかわせないような軽さで対応し、ないことを理解してくださいます（まさに第1章でご紹介した「そよ風法」ですね）。

これも「あるのが当然」と考えていらっしゃらないからではないでしょうか。

「思い通りになるのが当然」は疲れる

そう考えると、「物事が自分の思った通りに進むことが当然」という考えは、感情の振れ幅を大きくし、非常に疲れるもののように感じられます。

仕事での不平不満、家庭内での不公平感、言うことを聞かない子どもへのイラ立ち……私達が日頃感じるイライラのほとんどは、「こうなって当然」という考えがあるからこそそのものではないでしょうか。

でもその「当然」の根拠となっているものをたどっていくと、自分自身の価値観や一般的にこうだからというようなものだったりします。

超一流の方を見ていると、自分の予想と違うことや価値観に合わないことがあっても、そんな小さなことにこだわらない、そんなことでいちいち怒っていられないと思っていらっしゃるような人間の大きさを感じます。それよりも、自分の感情を平和に保つことに重きを置いていらっしゃる方が多いように思えます。

イライラするどころか、相手を思いやる

イライラするというのは、自分の視点でしかその状況を見ることができていないからではないでしょうか。

飛行機が遅延した際にＣＡを和ませる言葉をかけてくれたお客様も、座席の個人用画面が故障した際に「僕は大丈夫だけど、帰りの便までに直るといいね」と次のお客様やＣＡを配慮する言葉をかけてくれたお客様も、その状況にイライラするどころか、相手や周囲への思いやりの気持ちを持って対応してくださっています。

思い通りに進むのが当然と思わず、一歩引いてその状況を見ることで、このような「マナーを超えた気くばり」が生まれてくるといえます。

超一流は快く人に譲る——スマートな紳士のレディーファーストの習慣

ファーストクラスを初対面の老婦人に譲った紳士

優しさは人に伝染するといわれることがありますが、超一流のお客様に触れると「自分ももっと人に優しくしたい！」と思わされることがよくあります。特に、何の迷いもなく快く人に譲る姿勢からは学ぶものが多いです。

「機内でドアが閉まる直前に、ファーストクラスに1席空席があることが確定したため、ビジネスクラスのなかでもっとも航空会社のステイタスが高いお客様にアップグレードのご案内をしに行きました。すると、『僕はいいから彼女をぜひ』と隣の座席にお座りだった見ず知らずの高齢の女性にアップグレードの権利を譲られたのです。長距離のフライトだったのでファーストクラスのほうが快適に過ごせるのは明らかなのに、お連れ様でもない

隣席のお客様にあっさりと譲られた紳士的な態度に感動しました」（元外資系エアラインCA）

ちなみに、このようなケースで隣に座っている奥様に譲られるケースはとても多いそうです。レディーファーストの文化がうかがい知れますね。

超一流にとってレディーファーストはグローバルスタンダード

ある経営者の男性は、イギリスに留学したときに、イギリス人紳士から「レディーファーストができない男性は男性として恥ずかしい」と厳しく指導を受け、それ以来、エレベーターでは最後に降りるのが習慣になったと話されていました。

確かに、日本にいるとさほど気にならなくても、海外のホテルで我先にとエレベーターから降りていく日本人を見かけると、違和感を覚えることがあります。

CAは、ホテルに宿泊しているお客様は自分たちの便に乗っていた、もしくは乗り得るお客様だと考えているため、必ず最後まで「開」のボタンを押していて最後に降りようとするのですが、外国人の方は必ず「Please.」「After you.」（お先にどうぞ）とスマートに譲ってくださいます。

一度、海外のホテルで珍しく日本人男性が「どうぞ」と先に降りるよう紳士的に譲ってくださったので思わず顔を見てしまったのですが、国際舞台で活躍する、とあるスポーツ監督の方でした。

CA時代、外国人CAから「日本人の男性はどうして電車で女性に席を譲らないの？どうして女性の荷物を持たないの？」と聞かれたこともあります。

グローバル社会において、レディーファーストの習慣のない日本人男性は異様に映ることもあるようです。

国民性や文化の違いもあると思いますが、第1章で紹介したアイコンタクト同様、超一流の方はアイコンタクトもレディーファーストにおいてもグローバルスタンダードが備わっているのです。

人に譲ることで得られるもの

もちろん、超一流の方は相手が女性だから譲っているというわけではないと思います。

「私が勤務していた航空会社では、お食事のチョイスをお伺いする際、上顧客のお客様からお伺いしていきます。そのため、上顧客のお客様にはお断りすることがない状況です。あるとき、女性のお客様にお食事のチョイスをお伺いしたところ、人気ですべてなくなってしまっていました。それを聞いていた隣の席の上顧客のお客様が『僕のをあげてください。僕はいつも乗っているから、余っているのでいいですよ』とおっしゃってくださったのです。

このようなお客様は、お隣のお客様が男性であっても譲ってくださったと思いますが、スマートに人に譲る姿がとても紳士的でした」(元外資系エアラインCA)

また、機内でお連れ様と席が離れてしまったお客様がいらっしゃった際に、その様子を察して自主的に席を替わってくださっていた上顧客のお客様もいらっしゃいました。しかも、もともとそのお客様がお座りだったお座席は一番前の非常口座席。おそらくその席を希望して前々から予約されていたことと思われます。

気づかないふりをしたくなってしまってもおかしくない状況です。それにもかかわらず自ら「席を替わりましょうか？」と申し出てくださった器の大きさには頭が下がります。人に譲るということは、その分自分が犠牲になるとか損をするというようなイメージがありますが、相手が初対面の人であっても何の迷いもなく快く譲る超一流の方の姿を見ていると、失うもの以上に得るものが大きいのではないかと感じられます。

妊婦に席を譲る人の共通点

余談ですが、ママCAの雑談のなかで、「妊娠中に電車で席を譲ってくれた人は、男女共に身なりのきれいな人ばかりだった」という話題になったことがあります。身だしなみを整え人に与える印象に気をくばっている人は、人を思いやる余裕もあるということなのかもしれません。

席を譲ったことで、身体は多少疲れるかもしれませんが、自分のなかでいいと思うことをしたことで、清々《すがすが》しい気分になりませんか。

そのような行為の積み重ねで、自己イメージが向上し、本当の意味で自分への自信につながっていくように思えます。

超一流はミスを責め立てない――
声を荒らげることは損と知っている

真っ白な洋服にコーヒーをこぼされても怒らない

自慢できることではありませんが、機内での失敗談だけで1冊の本ができてしまうのではないかというくらい、実はCAたちはそれぞれ忘れられない失敗談を抱えています。そしてその苦い失敗談を一生忘れられない学びに変えてくれるのが、超一流のお客様の対応です。

藤原絵里さんにも、こんな大失敗があったそう。

「以前、ファーストクラスにお乗りのカタール人のお客様の真っ白な洋服にコーヒーをこぼしてしまったことがあります。しかし、『全然問題ないよ』とまったくお怒りにならなかっただけではなく、日本人の私がアラビア語で謝罪したことを喜んでくださいました。超一流のお客様は心の持ちようが違うのだなと実感したエピソードです」

ミスをしたCAに励ましの言葉をかけるお客様

「私のチェックフライトで管理職も同乗していたときのことです。とても緊張していたこともあり、急に飛行機が揺れた際に、上顧客のお客様に派手にドリンクをこぼしてしまいました。目の前が真っ暗になりつつも必死に拭き、お客様に謝罪した際に『最初はびっくりしたけど、人ってこういうことがあるものだから落ち込まないで頑張ってね』と言われました。さらに、同乗していた管理職にも『彼女は一生懸命頑張っているから、あまり怒らないであげてね』と言ってくださっていたそうです。

とても不快な思いをさせてしまったにもかかわらず、私の緊張もすべてお見通しで、逆に私の心配をしてくださったお客様の心の広さに、ただただ驚き感謝しました」（現役日系エアラインCA）

私自身、新人時代にビジネスマンのスーツに派手にオレンジジュースをこぼしてしまったことがあります。国内線だったので着替えをお持ちではなかったのですが、「大丈夫ですよ」と穏やかな対応をしてくださいました。さらに、後日「真摯《しんし》に対応してくださって、心が洗われました。ありがとうございました」と会社に御礼のメッセージまでくださったのです。

私もこのように人のミスに寛容に対応できる人になりたいと思ったエピソードです。

超一流がミスを責めない理由

思わず声を荒らげてしまってもおかしくないような状況でも、冷静に対応し、さらに相手のことを思いやるという、「マナーを超えた気くばり」を見せてくれる超一流のお客様。

前に、超一流のお客様はどうしようもない状況を理解してくださるという話をしましたが、ミスをした場合も「人はミスをするもの」「起こってしまったことは責め立てたところでどうにもならない」という考え方をされているように思えます。

いくら相手を怒鳴ったところで、残念ながら服が濡れてしまったという事実は変わりません。機内でできる対応も、シミにならないようできる限り拭く、国際線などで着替えがある場合は着替えていただき、そのあいだに汚れてしまった服を洗い乾かす、クリーニングクーポンを発行するといったことくらいで、お客様が怒鳴っても、冷静な対応をされても、できる対応は変わりません。そう考えると怒鳴るだけ損になる気がしませんか。

声を荒らげる姿はイメージを転落させる

声を荒らげてお怒りになったら、ＣＡだけでなくまわりのお客様や声を荒らげたお客様ご自身も嫌な後味が残るはずです。

逆に相手を思いやる冷静な対応をしたら、相手の一生の思い出に残るくらい感謝されるだけでなく、自分自身もいい気分になるのではないでしょうか。

もちろんミスをした本人は十分に反省しています。むしろ、責め立てられると人は「だって、揺れたから仕方なかったし……」などと言い訳を考えたくなってしまうものですが、寛容な対応をされると言い訳の言葉がなくなり、１００パーセント自分の責任として受け止めることになります。そのほうが「もう二度とこんなミスはしないようにしよう」という思いは強くなります。

上司が部下を大声で叱責していたり、飲食店で先輩が後輩を厳しく指導しているような場面を見かけることがありますが、たとえ相手がとんでもないミスをしていたとしても、以前も同じミスをして注意したことがあったとしても、声を荒らげている様子は怒られている側ではなく怒っている側のイメージを転落させます。

超一流のお客様は、決して声を荒らげません。

それは声を荒らげたところで何の得もない、むしろ自分のイメージを転落させ、心の平和も奪われ損するだけだということをわかっているからかもしれません。

知人に見られても恥ずかしくない対応をする

お1人でお乗りのお客様と、家族や友人・仕事仲間とお乗りのお客様、CAがミスをしてしまったときに寛容な対応をしてくださるのは、実は圧倒的に後者が多いです。

その方はお1人でお乗りの場合も寛容な対応をしてくださるかもしれませんが、少なからず一緒に乗っている家族の目、友人の目を意識されているからではないかと思います。

一方、超一流のお客様はお1人で乗られているときであっても、人に見られて恥ずかしいような態度はとりません。

いつ誰に見られても恥ずかしくない服装をするのと同様に、いつ誰に見られても恥ずかしくない態度をとるというのも、超一流の方のエチケットのように思えます。

超一流は家族を大切にする――家族との良好な関係は超一流の「証明印」

超一流は自慢の夫、自慢の父

機内では、超一流の方の家族とのプライベートな旅行の様子を見ることもあります。そんなときに感じるのが、超一流の方は、総じて家族を大切にされているということです。

仕事で飛行機に乗られているときも、「家族へのお土産にこれを買ったんだけど……」など、会話のなかにご家族が登場することがよくあります。また、「現役時代は忙しくて家のことは妻に任せきりだったたから、定年後に愛想をつかされないように今は2人でたくさん旅行してるんだよ」と冗談交じりに話してくださった方もいらっしゃいました。

ある大企業の役員の方は、いつも自分は仕事でビジネスクラスやファーストクラスに乗っているけれど、奥様はエコノミークラスしか乗ったことがないからと、結婚30周年記念にビジネスクラスでハワイ旅行をされていたそうです。

また、大学合格した息子さんへのお祝いということで、2人でご旅行されていた会社役員の方もいらっしゃいました。

いずれのケースも、CAが奥様やお子様とお話しするなかで、「実は今回は主人がこういう理由で連れてきてくれたんです」とか「僕の受験が早めに終わったので、父が連れてきてくれて」と、ご本人ではなくお連れ様がとても嬉しそうな顔で話してくれたそうです。

担当したCAは、「きっとご家庭でも自慢の旦那様、自慢のお父様なのだろうな」と感じたといいます。

超一流の方はもちろん仕事が忙しいと思いますが、そんななかでもご家族を大切にされる姿勢はとても素敵です。

いくつになってもレディーファースト

また、超一流の方の人となりやポリシーは、そのご家族との関係性やさりげないやりとりから感じられることも多くあります。

奥様に対する態度はいたってジェントルマン。奥様の荷物を率先して収納したり、奥様を気づかい毛布を頼まれたり、お食事のときも「君はどっちにする?」と奥様の意見を聞いてオーダーされたりしています。

結婚記念日のご旅行をされていた60代のご夫婦に、機内で記念写真を撮って差し上げたときに、旦那様が自然と奥様の肩に手を回していた様子から、普段から仲睦《むつ》まじい様子が伝わってきたという話もあります。亭主関白といわれていた時代の方であっても、決して奥様をないがしろにしたり、オーダーや要望をすべて奥様に言わせるなど、横柄な態度をとることはありません。

超一流の子育てポリシー

お子様に対しても、子どもだからという対応はせず、1人の人として認めている様子が伝わってきます。

例えばCAがお子様に何か質問をし、お子様がその返答に少し悩んでいるようなときでも、「○○だよね?」と口をはさむことはせず、しっかりお子様自身で対応するよう見守っていらっしゃいます。

そのようなお子様はCAに対する言葉づかいも丁寧で、物怖《ものお》じせず、こちらが驚くくらいしっかりされています。

「某大企業の社長さんがご家族でホノルル便に乗られていたとき、小学校中学年くらいのお子様に、私が『今夏休みですか?』と問いかけると、『はい、今夏休みです。ホノルルでは〇〇をしたりして、いい経験ができました』というような返事をされて、日頃から大人と意見を交わしている様子が伝わってきました」

そして親御さんのほうも、「子どもだから許されますよね」というような態度がありません。例えば、機内でお子様におもちゃをお渡しする際、「好きなものを1つ選んでくださいね」と差し出すのですが、お子様が1つに決めきれず2つ欲しいとダダをこねてしまうようなシチュエーションもよくあります。そのようなときも、「子どもがダダをこねてるから2ついいですよね?」というような態度ではなく、はっきりと「1つだよ」と言い聞かせています。

大高千穂美さんは、現在VIP専用クリニックに勤務しており、超一流の方の子育てにこんな共通点を感じているそうです。

「海外では子どもの頃から自分のことは自分でするようにしつけられていることが多いからか、とてもしっかりしているお子さんが多い印象です。私の勤務しているクリニックには各国大使のお子様方もいらっしゃるのですが、日本語でしっかりと挨拶をしたり、ご両親の声が大きいと、『もっと小さい声で話して』と逆に注意するなど、感動させられることがよくあります。小さな子どもは人前で取り繕うことがない分、ご両親の日頃の子育ての様子が顕著にあらわれると思います」

家族との関係性からリアルな日常がにじみ出る

自分1人ならごまかすことができたとしても、家族との関係性はごまかすことができず、その人のリアルな日常がにじみ出てしまいます。一番身近な存在である家族に対しても、甘やかすでもえらぶるでもなく、相手を1人の人間として尊重し、気くばりをもって接している様子は、超一流ということを示す「証明印」のようなものだと感じます。

超一流はサービス精神旺盛――
「人のため」が原動力

お土産を本気で選ぶ

超一流のお客様の言動を見ていると、出張中や旅行中も自分のことだけでなく家族や同僚のことも考えていらっしゃるのだなということが伝わってきます。そしてちょっとした会話のなかで家族へのお土産選びの話が登場するなど、毎回必ずお土産を買っているんだなということが感じられます。

「私たちは最近よくこれを買うんですよ」とそのときおすすめのものを紹介すると、「それいいね！　今度はそれをお土産にしよう！」とメモを取られる方もいらっしゃいます。

機内販売をしている際に、「社員へのお土産を買いたいんだけど、何がいいかな?」と相談を受けることもよくありました。渡す相手が女性の場合、女性目線でのアドバイスを求められることが多く、真剣にお土産を選んでいらっしゃる様子が伝わってきます。

最新のトレンドにもアンテナを張る

また、お土産に限らず、常にアンテナを張り情報収集されている印象があります。

若狭遥さんから聞いた話です。

「ファーストクラスにお乗りの40～50代のビジネスマンの方に『普段あまり雑誌は読まないのですが、おすすめの雑誌はありますか』と聞かれたことがあります。当時私は『日経トレンディ』でいろいろな情報収集をしていたので紹介したところ、「ではそれをください」とおすすめしたものを選んでくださいました。当時私はまだ20代後半。年齢も立場も違う人の意見を聞き、新たな知識や情報を取り入れようという気持ちが素敵だなと思いました」

ほかの客室乗務員からも、こんなエピソードを聞きました。

「企業の上層部のお客様は、『もうおじさんだから』と言い訳するのではなく、今若い人が何に興味があるのかに敏感です。スマートフォンもいち早く導入されたり、『これ、流行《はや》っているみたいだから、買ってみたんだよね』とトレンドのものを積極的に取り入れてみるなど、『最近の若者は』と小言を言うどころか、積極的に学ぼうとしている様子が感じられます。その感覚をビジネスにも活かし、いい結果を生み出しているのだろうなと勝手に想像してしまいます」

「企業の上層部のお客様をお乗せすることが多いのですが、機内でお出ししたお菓子で気に入ったものがあると、『これはどこのお店の？』とよく聞かれます。接待の手土産の参考にされたいとのことです。忙しいはずなのに相手に喜んでもらえるよう仕事以外の場面でもいつもアンテナを張っている様子に、意識の高さを感じます」

年齢に関係なく、超一流のお客様は心が若いと感じます。年齢を言い訳にせず、新しいものに苦手意識を持つこともなく、積極的に若者やトレンドに歩み寄っていかれている印象です。その根底には、人に喜んでもらいたいという思いがあるように感じられます。

プレゼント、おもてなし好き

ファーストクラスで機内販売をおこなっていて感じたのが、皆様ご自身のものはあまり買われないということ。先述したようなお土産や誰かへのプレゼント、頼まれ物を買っていかれる方ばかりなのです。

和倉奈緒恵さんは、「機内販売で登場すると、いつも争奪戦になる『森伊蔵』。しかし、ファーストクラスのお客様は自分用にではなく人からの頼まれ物として買っていかれる方が多かったです」と振り返ります。

海外在住のお客様のなかには、その便に乗務していたパイロットやCAを現地でもてなしてくださる方もいらっしゃいます。「せっかくのご縁だから一緒に楽しみましょう」と気さくに誘ってくださり、皆が楽しめるようにお店選びやメニュー選びに配慮してくださる姿からは、CAも脱帽するくらいのホスピタリティの高さを感じます。

そして乗務員たちに対してだけでなく店員さんに対する態度もスマート。「彼らは○○航空の乗務員の皆さんなんです。舌が肥えている皆さんをお連れするならこのお店しかないと思ったんだよ！」と店員さんに伝えるなど、お店に対する配慮も忘れません。

お土産やプレゼント、おもてなしによって相手によく思われたいというような下心ではなく、自分に関わるすべての人に喜んでもらいたいというのも、超一流の共通点のようです。

超一流はホスピタリティが高い――
人、物、自分、すべてに思いやりを持つ

ホスピタリティは接客業の人だけのものではない

超一流のマインドの共通点を見ていると、すべての行動が「思いやり」に基づいているということに気づきます。そしてその「思いやり」こそが「ホスピタリティ」なのです。

ホスピタリティというと接客業の人だけに求められるもので、それ以外の人にはあまり関係ないという印象をお持ちの方も多いのではないでしょうか。

しかし、元日系エアラインＣＡで現在はホスピタリティ講師として活動する藤田恵梨さんはこう言います。

「ホスピタリティに日本語を当てはめるとしたら『思いやり』だと考えます。相手の心情を汲み取り、周囲の人にとって一番いい方法は何かと考えて行動できる人がホスピタリテ

ィの高い人。超一流の方はまさにホスピタリティが高い人と言えます」

このホスピタリティとよく混同されがちなのが「おもてなし・接客」という言葉。

その違いについて、藤田さんは、「旅館やレストランなど、主人と客の立場がはっきりしていて、対価が発生している場面で使われるのがおもてなし。ホスピタリティ・思いやりは対価が発生しない人と人との同等の関係のなかで、相手を思いやる気持ち」と話しています。

思いやりは伝染する

しかし、いくら対価が発生している接客といっても、そこにいるのは人と人。思いやりがなければ感動のサービスは生まれません。

CAは、対価の発生している機内での接客のなかで、マニュアルで決まった業務やお客様に頼まれたことだけをする最低限のサービスではなく、1人の人間として五感を総動員して、お客様の潜在的なニーズを汲み取る「ホスピタリティの高いサービス」を目指し、常に精進しています。

そして超一流のお客様は、1人の人間として、CA、周囲のお客様に対しても思いやりの心を持って接しています。

サービスする側、される側に関係なく、気くばりをもって接することで、お互いに心の喜び、感動が生まれるのです。

「ホスピタリティは伝染します。思いやりのある対応をされて嬉しかったら、今度は自分がそうしてみようと思うようになります。そしてそれで喜んでもらえたら、自分が嬉しい気持ちになります。こうして自分も人も皆ハッピーな好循環ができ、かつ自分の人間力も磨いていけるのです」(藤田さん)

まずは自分に思いやりを持つところから

超一流の方を見ていると、同乗した関係者、CA、機内でたまたま近くに座ったお客様、機内の備品やご自身の持ち物、機内での予期せぬトラブル、相手のミスなど、人だけに限らず、物や環境に対しても思いやりのある対応をされていることがわかります。

そしてそれができるのは、何よりも自分自身に思いやりを持って接しているからではないかと感じます。

忙しい毎日のなかで知らず知らずのうちに犠牲になってしまいやすいのが、自分自身の健康や心の声、ライフスタイルなどではないでしょうか。それを見て見ぬふりをするのではなく、しっかりと自分自身にも思いやりを持って接することで、心に余裕ができ、人にも優しくなれるのだと思います。

私自身、以前は思いやりというと人に対して添えるものであって、その結果自分は犠牲になるというイメージが少なからずあったのですが、超一流の方を見ているとそれは違うということに気づかされました。

皆様、まず自分自身に思いやりを持って行動されていることがわかったからです。

次章では超一流の方の機内での過ごし方をご紹介いたします。ここでも、人に対して、物に対して、そして自分自身に対しても思いやりを持って接していらっしゃる超一流の様子が垣間見えるかと思います。

超一流は時差ボケ対策も万全――

「逆算スケジュール」で旅の疲労感を軽減する

出張や旅行で海外に行くときにつらいのが時差ボケ。一般的に5時間以上時差がある地域に移動する際に、時差ボケが起こりやすくなるといわれています。

なかでも、日本からアメリカへの往路便、ヨーロッパから日本への帰路便など、東回りの移動のときは一日が短くなるため、時差の調整が難しく、時差ボケがきつく感じられます。

逆に、西回りの移動のときは一日が長くなるため、時差ボケの調整は比較的しやすいでしょう。

CAは日頃から時差を意識した生活を送っていますが、出張の多いビジネスマンや旅慣れたお客様は、CA顔負けの意識の高さで時差調整をされています。

なぜここまで時差対策に力を注ぐかというと、到着後のパフォーマンスに差がつくからです。仕事の場合はもちろん、旅行の場合でも時差ボケしたまま過ごすのと、万全の状態で旅程をこなすのでは、旅の満足度が大きく変わってきます。

また、帰国後の疲労度やリカバリーの速さにも歴然とした差が生まれます。

時差対策は未来の自分や周囲の人、仕事などへの気くばりともいえます。


ここで、時差調整について簡単に説明いたしましょう。

ポイントは「逆算」です。

例えば、ヨーロッパ便などで夕方から夜に現地に到着し、あとは食事をして寝るだけという場合は、到着直前まで寝てしまっていると夜眠れなくなってしまう可能性があります。そのため、機内ではなるべく起きて過ごすことをおすすめします。もし仮眠を取るとしたら、フライト前半に取ると夜の睡眠に影響が少ないのでよいでしょう。

逆に、アメリカ便など午前中に現地に到着し、そこから予定がある場合は、機内で十分な睡眠を取っておくことが到着後の時差ボケ緩和に役立ちます。特に、東南アジアの深夜便など、フライト時間が比較的短めで早朝に到着する便などは、空港で食事をすませておき、機内食は潔くキャンセルするのもおすすめです。

このケースのように機内で睡眠を取りたい場合は、当日の朝いつもより早起きをするなど、あえて少し寝不足気味でフライトに臨むのもおすすめです。

また、現地時間だけではなく日本時間を考慮することも大切です。

いくら現地時間に合わせて行動していても、体内時計はそんなにすぐには切り替わりません。CA時代、現地で食事をした際に「食べ過ぎたわけではないのに、なんだか胃がもたれるな」と思ったとき、ふと日本時間を確認すると真夜中だったということがよくありました。「日本時間の夜中に食事をすると絶対太る」と話していた同期もいました。「今は日本時間では夜中だから食事は軽めのお粥にしておく」という超一流のお客様も少なくありません。

機内では食事や消灯のタイミングが決まっていることもあり、どうしても過ごし方が受動的になってしまいがちですが、逆算して機内時間をクリエイトすることで、出張や旅の時差ボケや疲労感が軽減するはずです。

第3章

物も時間も大切にするのが超一流

CAも驚いた！機内でのスマートな過ごし方

超一流は10メートル先からでもわかる――
ファーストクラスのお客様の外見

ファーストクラスのお客様の身なりには共通点がある

「いらっしゃいませ」

「ご搭乗ありがとうございます」

ＣＡは飛行機の入り口に立って、お客様をお出迎えします。大高千穂美さんは、まだお客様が飛行機に足を踏み入れる前、10メートル程先からでもファーストクラスのお客様を見分けることができるといい、その理由を説明してくれました。

「まずは荷物が少ないということ。重そうな荷物を引きずって歩いてくる人はいらっしゃらず、小荷物で颯爽《さっそう》と歩いていらっしゃいます。そして歩き方。ダラダラ歩くのでもせかせか歩くのでもなく、姿勢よく堂々としています。スーツも身体にフィットしているのがわかります。ＶＩＰ専用スタッフが同行している場合は、気さくに会話をしながらお乗りになります。

ファーストクラスのお客様の搭乗のタイミングは、優先搭乗からドアクローズぎりぎりまでいつでも大丈夫なのですが、ドアが閉まる直前に走ってお乗りになるような方はいらっしゃいません。非常に時間に余裕を持って行動されている印象があります。もちろん、ラウンジで飲みすぎて酔っぱらっている様子の方も見たことがありません。ボーディングブリッジから機内のＣＡと目が合ったときも、気まずそうにそらすことはせず、軽く会釈をしたり、笑顔で微笑んでくださいます」

スーツケースの引き方にあらわれる周囲への心づかい

また、細かいポイントですが、超一流のお客様はスーツケースの引き方もとてもスマートです。脇を締め、スーツケースが半分くらい自分の後ろに隠れるような位置でまわりのお客様の迷惑にならないようにスーツケースを引かれているのです。これは優先搭乗できまわりにほかのお客様があまりいらっしゃらない場合でも変わりません。

横押しができる四輪スーツケースの場合でも、脇を締めて自分のすぐ横で引かれていま す。全体的にとてもコンパクトにまとめていらっしゃる印象です。


このように、超一流のお客様はボーディングブリッジを歩いている段階で、さらにいえば空港内を歩いている時点でも、オーラを発していらっしゃいます。

それは、決して高級品を身につけているからではなく、その姿や持ち物から日頃の考え方や習慣がにじみ出ているからなのです。

超一流は身軽さを重視する――物を厳選することは自分への思いやり

スーツケースを持ち込まないお客様も多い

前項でも紹介したように、超一流の方は荷物が少なく、身軽に搭乗されます。長距離路線であっても、スーツケースを持ち込まず、ビジネスバッグ1つだけという方も少なくありません。

スーツケースは持ち込むとしても機内持ち込みが可能なサイズのコンパクトなもの。布製のスーツケースに中身がパンパンに詰め込まれて膨れ上がっているような方や、現地で買ったお土産があふれ出ている買い物袋を持っているような方はまず見かけません。

荷物を重そうに収納されている姿や、肩にかけた鞄《かばん》の重みでスーツの肩がズレてしまっているような姿も見かけないところから、必要最低限のものだけを厳選して持ち込まれている様子がうかがえます。荷物が多くなりがちな女性の場合でも、長距離フライトにもかかわらずトートバッグ1つでお乗りになられることが少なくありません。

「私の勤務していた航空会社では、ファーストクラスの座席上の棚にお客様が就寝時に使用するマットレスや布団が収納されていました。到着前には畳んで再度収納するのですが、高反発のマットレスはどうしても元通りに畳むのが難しく、もともと収納してあった棚だけでは収まりきらなくなってしまうこともありました。でも、そんなときにも必ずどこかの棚は空いていて、収納に困ることはありませんでした。それくらい、ファーストクラスの上の棚はガラガラだった印象があります」(若狭遥さん)

物を厳選すると頭も整理される

旅慣れた超一流のお客様は、機内持ち込み手荷物に限らず、旅全体の荷物が少ない傾向にあります。CAでも経験を重ねるごとに荷物が厳選されてくるようで、スーツケースを持たず、ショルダーバッグと制服を入れるクローズバッグだけで国際線フライトに臨んでいた先輩もよく見かけました。

私自身、新人の頃はあれも必要かも、これも必要かもと、いろいろなものを持って行っていたのですが、結局は使わないで終わるものも多いことに気づきました。

絶対に必要なものは、「替えが利かないもの・現地で調達が難しいもの」。例えば、コンタクトレンズ、メガネ、常備薬などです。

洋服などはいざとなれば現地で買えばよいので、泊数より少ない最低限の数しか持ち歩かないようになりました。ホテルのランドリーサービスを利用すれば、自宅から持っていった状態のものよりもシワの少ない状態で着用することができます。必要なものを厳選することで、フライトの準備も現地での生活もとても快適になりました。

会社経営者である知人の男性は、「何か1つでも新しいものを買うときは、先に何かを1つ捨ててからにする」と話していました。持ち物が多いと、頭がごちゃごちゃし、それを管理するのが難しくなってしまうからだそうです。物を厳選することで、自然と頭も整理されるといいます。

荷物の量と心の余裕の関係

「荷物が無事収納しきれるかどうか」ということは、搭乗中、ＣＡがもっとも頭を悩ませることです。

特に、短距離路線や終電が迫っている夜の便では、ターンテーブルから手荷物が出てくるのを待つ時間を節約するため、できる限り荷物を預けず機内に持ち込もうとするお客様がとても多いのです。手荷物を安全に収納するまでは飛行機は出発できないのでなんとか収納するのですが、収納スペースを巡って機内は殺伐《さつばつ》とした雰囲気になります。

しかし超一流のお客様は、そうした時間の節約よりも、常に身軽でいることのほうを重要視しているように感じます。そのため、ファーストクラスとエコノミークラスでは、1人当たりが持ち込まれる荷物の量には歴然とした差があります。

荷物が多いと身体が疲れることに加え、何をどこに入れたか、荷物を全部持っているかなど、考えなければならないことが増え、頭も疲れてしまいます。

ただでさえ忙しく動き回り、考えなければならないことも多い現代人。自分のことで手一杯な状態だと、当然人を思いやる余裕は生まれません。

常に身軽な状態でいることは自分自身を思いやること、そして周囲を思いやる余裕を生むことにつながるのではないでしょうか。

超一流は物を丁寧に扱う――
座席まわりを見れば〝人となり〟がわかる

身のまわりが整然としているお客様

頭のなかが整頓されている超一流の方は、座席まわりも整然としています。荷物が少ない時点で物はかなり厳選されているはずですが、そのなかでも機内で自分の身のまわりに置くものはさらに厳選します。

飛行機に乗るとまず、航行中に必要なものを身のまわりにセットする、いわゆる〝巣作り〟をしますよね。超一流の方は、この時点でシートポケットにあれこれ入れないのです。時計やメガネを手の届きやすい場所に置き、スマートフォンや本だけテーブルに出す。これがファーストクラスでよく見られる光景です。

しかし、ミニマリスト的にただ物を少なく、ということではありません。機内で用意されているものであっても、ご自身でこだわりを持って持参される方もいらっしゃいます。大高千穂美さんによると、「ファーストクラスではBOSEのノイズキャンセリングヘッドホンが用意されているのですが、上顧客のお客様は〝マイBOSE〟をお持ちになる率が高かったです」とのこと。

後述しますが、機内は読書の時間と決めて、本を数冊持ち込まれる方もいらっしゃいます。いずれにしても、持ち物の目的が明確で、不必要なものは出ておらず、ごちゃごちゃしていないというのが共通点です。

捜し物や忘れ物がない理由

身のまわりに出すものが少なければ、それだけ捜し物や忘れ物のリスクも減ります。実際ファーストクラスはほかのクラスに比べ格段に忘れ物が少ないです。

鞄のなかも整然とされているからか、ゴソゴソと捜し物をしている様子はほとんど見ることがありません。鞄を開けて、必要なものをサッと取り出されています。

ゴミの扱いもスマート

整然とした状態をキープするため、ゴミは1箇所にきれいにまとめられているというのも、ＣＡが口を揃えて言う特徴です。

機内のアメニティが入っていた袋、キャンディの袋の切れ端、ヘッドホンが入っていた袋、薬のゴミなど、機内は細々としたゴミが出やすい環境です。それらのゴミが回収しやすいようにテーブルの通路側にきれいにまとめられているので、ＣＡもすぐに回収することができ、きれいな状態が保たれるのです。

これらの細々としたゴミはふわふわと飛んでいってしまったり、散乱しやすいものですが、そのようなことがないようにまとめてくださっているところにも配慮を感じます。

汚い状態を人に見せないような気くばりも感じられます。

例えば、靴は脱ぎっぱなしになっていることはなく、ご自身で所定の場所に素早く収納されています。リラクシングウェアにお着替えになったあとの洋服も、脱ぎっぱなしの状態ではなく、ある程度きれいに整えられた状態で渡されます。

次の人のことを考えた新聞の読み方

物の扱いからその人の人となりがわかるといわれますが、CAのなかで、それが顕著にあらわれると考えられているのが、新聞の読み方です。

身のまわりが整然としている方は、新聞の読み方もきれいです。シワが寄らないように読み、読み終わったら元通りきれいに畳んで返してくださいます。順番を待っている人がいるかもしれないという配慮からか、読み終わったらすぐに返してくださり、シートポケットに入れっぱなしになっているようなことはほとんどありません。

たかが新聞ですが、されど新聞。とある有名企業の社長さんは、その後ほかのお客様にお出しすることができないくらいぐちゃぐちゃな状態で畳まずにCAに返されたそうですが、受け取ったCAは「きっとこの会社の製品はあまり丁寧に扱われていないんだろうな」という印象を持ってしまい、その会社の商品を購入する気がなくなってしまったといいます。

実際にどうなのかはわかりませんが、物に対する態度というのはそれだけインパクトがあり、その人自身、ひいてはその会社のイメージにも影響してしまうということです。

座席まわりの様子が人に与える印象

座席まわりの状態で、そのお客様のイメージが変わったという話はほかにもあります。

あるタレントの方がお子様連れで飛行機に乗られた際、読んだ漫画は置きっぱなし、おつまみやゴミが床に散在し、すごい状態だったそうで、そのことが驚くべき速さでＣＡのあいだで広まったという話もあります。美人でおしゃれな印象のある女性だったため、ギャップがありすぎてマイナスの印象がより強くなってしまったのでしょう。

逆に、ある女性歌手の方は身のまわりがとても整然としていて、到着前に荷物の整理をされる際も、「ちょっと荷物の整理をしたいので、隣の席を使ってもいいですか？」と隣の空席を使用するのも丁寧に許可を取られたそうです。

そして開けられたスーツケースは、なかを見たＣＡがびっくりするくらい、きれいに整理整頓されていたそう。担当したＣＡは、それまで特にその方のファンというわけではなかったそうなのですが、それ以来素敵な女性として一目置くようになったといいます。

座席まわりの状態は、ある意味、服装以上に大きなインパクトがあります。物を雑に扱う人が人を丁寧に扱うイメージは、なかなか湧きません。物に対する態度は、そのまま自分自身に対する態度、人に対する態度につながるように思います。

超一流は自分軸で過ごし方をクリエイトする——「とりあえず」で選ばない

機内時間を受け身で過ごさない

何も考えずに飛行機に乗ると、食事が出たら食べる、照明が暗くなったら寝る、明るくなったら起きる、機内で提供される映画を観たり雑誌を読む……というように受動的な過ごし方になってしまいがちです。

機内サービスの内容・タイミングと、自分の求める過ごし方が合致している場合はそれでいいのですが、そうでない場合はなんとなく時間が過ぎ、身体は疲れ、満足度の低い時間となってしまう恐れがあります。

しかしファーストクラスのお客様は、機内での過ごし方に明確な目的を持っている方ばかりです。搭乗の挨拶に伺った際に、「今日はこんなタイムスケジュールで過ごすから」とメモを渡されるケースもあります。

では、ファーストクラスのお客様は機内でどのように過ごされているのでしょうか。

・上空ではWi-Fiをつながない

最近では上空でもWi-Fiがつながるようになりましたが、機内にパソコンを持ち込まれる方は意外にも少ない印象です。VIPになればなるほど、機内で仕事をされている方は少なく、束《つか》の間の空の上での時間を休息に当てている方が多いようです。

空の上にまで仕事を持ち込まなくていいように、タイムマネジメントされているのでしょう。

・雑誌1つでも「とりあえず」で選ばない

ファーストクラスのお客様の過ごし方で圧倒的に多いのは、ご自身で持参された本を読むケース。読み物がお好きな方が多い印象です。最近では電子書籍化されている書籍も多く、特に出張や旅行の際にはかさばらなくていいと思うのですが、電子書籍派は少ない印象です。

先述したように、そもそもファーストクラスでスマートフォンやタブレットを操作している方をあまり見ないという意見が多く聞かれました。

逆に意外と多いのが、ハードカバーの本を読まれているお客様。なかには「今日はこれらをじっくり読むつもりなんだ」とハードカバーの本を4、5冊シート脇に積んでいたという方もいらっしゃったそう。本をお持ちのお客様は、このフライトではこの本を読むという目的意識をはっきりとお持ちのようで、機内にある新聞や雑誌をおすすめしても、あまり興味を示されません。

反対に、「機内では普段読まない種類の雑誌を読んでみたい」という目的を持って乗っていらっしゃる方は、機内の雑誌を積極的にお読みになります。

いずれにしても、本1冊、雑誌1冊にしても「とりあえず」で選ばないところに、必要なものだけを選び取る意識の高さが感じられます。

・食事よりも睡眠を取る

睡眠に重きを置かれている方もとても多いです。夜の便では「今日は寝て過ごしたいから食事はキャンセルでお願いします」と言われるケースも少なくありません。お目覚めになったあと、到着前に軽食を召し上がることもあるのですが、高級食材がふんだんに使用され、有名シェフが監修したメインのメニューを、惜し気もなくキャンセルされる様子に最初はとても驚きました。全体的に、食事よりも睡眠に重きを置いているお客様が多い印象です。

時間に対しても丁寧に向き合う

超一流のお客様の機内での過ごし方を見ていると、物を厳選して選ぶように、何をするかということについても厳選して選ばれているのだということがよくわかります。

せっかく機内で用意されているものであっても、それが今の自分にとって必要ないものであると判断したら選ばない。そして選んだものには集中して過ごす。

超一流の方は、物を丁寧に扱うのと同じように、時間に対しても丁寧に向き合っているように感じられます。

超一流のタイムマネジメント――「ながら」「ぱなし」ではなく〝今〟に集中する

超一流は機内の時間が完璧にオーガナイズされている

ファーストクラスのお客様の機内での過ごし方を見ていると、タイムマネジメントのうまさに感心させられます。どのような過ごし方をされるかは前項でお話ししたように人それぞれなのですが、どんな過ごし方をされているにせよ、とても満足度が高いように見受けられるのです。

大高千穂美さんは、

「ファーストクラスのお客様は、機内での過ごし方が完璧に組み立てられている印象があります。一例ですが、お食事をされて、食後にはチーズとワインやデザートを楽しまれ、歯磨きをしてリラクシングウェアに着替え、お休みになります。そしてお目覚めになったあとは、顔を洗い、歯磨きをし、お着替えになってから、お食事をされたり読書をされたりご自身の時間を過ごされます。この一連のフローが完璧で、見ているこちらまでとても気持ちいいほどです。私はお客様の機内での姿しか見ていませんが、きっと生活も仕事もオーガナイズ（計画化）されているのだろうと思います。こんな上司のもとだと部下も働きやすいだろうなと想像してしまいます」

と話しています。

〝今〟に集中する過ごし方

機内での過ごし方が完璧にオーガナイズされているということは、1つひとつの区切りがはっきりとしているということでもあります。つまり〝今〟に集中しているということです。

前項でも紹介したように、ファーストクラスのお客様を見ていると、「今はこれをする時間」という目的意識がしっかりされています。そうすると、必然的に無駄なものが目の前に出ていることはなくなるので、前に紹介した、身のまわりが整然としているということにもつながってきます。

曖昧な行動は人を悩ませる

大高さんが「こんな上司のもとだと部下も働きやすいだろうなと想像してしまいます」と話しているように、時間の使い方や物、頭のなかが整理整頓されているというのは、一見その人だけの問題であるように見えて、実は周囲にも影響を及ぼしていることも少なくありません。

例えば、機内の例でいうと、カップにお酒が入ったままうたた寝をしてしまっているお客様がよくいらっしゃるのですが、ＣＡはそのカップを下げてよいのか非常に悩むのです。「急に揺れたときに危ないからお下げしよう」と思いトレイを持って行くと、そのタイミングでは目を開けてカップを手にしていて、「あ、まだお飲みになっていたのか」と思うと、次通りかかったときにはうたた寝されている、なんてこともよくあります。

また、機内のお酒は搭載数も限られているので、お下げしてしまって「まだ飲んでいたのに」と言われたときに、同じものがご用意できない場合もあります。

そのため、「こんな小さなことで」と思われるかもしれないのですが、実はお客様が思っている以上に頭を悩ませているのです。

ファーストクラスのお客様のお酒のエチケット

また、大高さんは、

「ファーストクラスのお客様はお酒のエチケットがしっかりされている方が多いです。上空は気圧の関係で地上よりも酔いが回りやすい環境ですが、それも踏まえたうえで、自分のお酒の分量をわきまえていらっしゃいます。そのため、お酒を残されたり、お酒を飲みながらうたた寝をするという光景を見ることがほとんどありません。同様におつまみが出しっぱなしになっていることもありません」

と話しています。

ついだらだらと続いてしまいやすい「お酒を飲む」という行動も、機内での過ごし方の一部として考えていて、次の行動に影響を及ぼさないよう配慮されているのでしょう。

「ながら」「ぱなし」は効率性も満足度も下げる

「お酒を飲みながら寝てしまう」ということ以外にも、今何をしているのかが曖昧《あいまい》な状態は、本人が想像している以上に周囲の人を悩ませます。どのような言葉をかけるか、何を用意するか、どんな手伝いをすればよいかがわからないからです。

自分自身でも今何をしているかが明確でないと効率が下がってしまうと思いますが、同時に相手の時間も奪ってしまうのです。「ながら」「ぱなし」は、いわば〝時間泥棒〟のようなものといえます。

また、だらだら過ごすことは、結局この時間何をしていたかということがわかりにくいので、満足度も低くなってしまいます。

しかし超一流のお客様は、「○○しながら」「○○しっぱなし」ということをしません。1つのことに集中し、区切りをつけてから次のことをはじめます。その区切りがとても明確なので、CAも食器を下げるタイミングや布団を用意するタイミング、畳むタイミングに迷うことがありません。

時間の使い方を整理し、区切りを明確に過ごすということは、自分自身が効率性・満足度を上げると同時に、周囲の人の無駄な迷いを少なくし、効率を上げることにもつながるのです。

超一流はコールボタンを極力押さない――
相手のタイミングを考えて頼む

超一流がコールボタンを使わない理由

機内でCAを呼ぶときに使うコールボタン。ファーストクラスではコールボタンの音が鳴ることがとても少ないのが特徴です。CAが挨拶に伺ったときや、何かを渡しに行ったときなど〝ついで〟に頼んでくださることがほとんどだからです。

なかには、「必要なときにはコールボタンで呼ぶから、それ以外は気にしなくて大丈夫ですよ」と気をつかってくださるお客様もいらっしゃいますが、そのような場合もたびたびコールボタンで呼ばれるのではなく、一度にまとめて伝えてくださいます。

前にも紹介したように、超一流の方は、気まぐれではなく計画性を持って過ごされているからこそ、一度にまとめて頼んだり、「○時になったらお食事をお願いします」というように先のことを前もって伝えることができるともいえます。

自分のタイミングだけではなく相手のタイミングも考える

これは、何か頼みたいものがあるときでも、自分のタイミングだけではなくCAのタイミングも考えてくださっているからだといえます。前項でお話ししたように自分自身が時間を大切にオーガナイズされた過ごし方をしているからこそ、自然と他人の行動を乱すことにも後ろめたさを感じていらっしゃるのでしょう。

このような配慮は、まさに「マナーを超えた気くばり」といえます。

CAにとっては、必要なものをまとめて伝えてくださったり、事前に教えてくださることで、準備もできますし効率性が上がります。また、忙しいときに起こりがちな「頼まれ物忘れ」やケアレスミスが起こりにくくなるというメリットもあります。そしてそのようにして生まれた時間で、「何かほかにお客様にして差し上げられることはないか」とプラスアルファのことを考える余裕が生まれます。

自分の都合しか考えないことのデメリット

自分の都合だけではなく、相手の都合も考えること。これはCAの仕事でもとても重要なことです。

そもそもCAは、お客様がコールボタンを押す前にそのニーズを察してこちらからアプローチできるのが理想です。そのため、CAは日頃から、1列1列、一番右のお客様から一番左のお客様まで、お1人お1人と目を合わせるような意識で、お客様のニーズを汲み取りながらゆっくり機内を巡回するように心がけています。

しかし、搭乗中や機内食準備などで忙しいとき、羽田―伊丹便などサービス時間が短い短距離路線では、つい早足で黙々と歩いてしまうようなこともあります。

私が新人の頃、お客様にジュースを頼まれたのでギャレー（機内のキッチン）に向かって歩いていると、ほかのお客様に毛布を頼まれ、さらにほかのお客様に新聞を頼まれ……とエンドレスで頼まれ物が続き、なかなか目的地であるギャレーにたどり着けないという経験をよくしました。メモは取っているもののあせっているので字が汚く、訳がわからなくなってしまうこともありました。

そんなときには、「いけない」と思いつつも誰にも何も頼まれないように、お客様と目を合わせずに急ぎ足で歩いてしまっていたこともあります。

頼もうとしてもCAが忙しそうにしていて呼び止められないと、お客様はコールボタンを押されます。そのため、客室ではコールボタンが鳴り響き、CAはコールボタンに対応することで業務が中断され、さらに忙しくなっていきます。

つまり、「自分は今忙しいから」という自分の都合で急ぎ足で歩いてしまうのは、お客様のタイミングを気にかける余裕がない状態といえます。

このような状態は、「CAの感じが悪い」「ずっと待っているのにCAが来ない」といったクレームを生んでしまいやすく、その対応によってさらに作業性が下がってしまいます。

仕事のできるCAは機内をゆっくり歩く

しかしあるとき、仕事のできる先輩は、忙しいフライトでも落ち着いて笑顔を絶やさずゆったり歩いていることに気づきました。何でゆったりしているのに仕事が終わるのだろうと不思議に思っていたのですが、1回通路を歩くあいだにお客様のニーズをすべて汲み取ってしまえば、そのときは時間がかかるかもしれませんが、その後途中で呼び止められることやコールボタンで呼ばれることがなくなるので、結果的に効率よく業務をこなすことができるのです。

お客様としてもタイムリーにCAがニーズを汲み取ってくれるので、クレームも起こりにくくなるという好循環が生まれます。

相手の作業性を重視できる人は一目置かれる

極力コールボタンを押さず、サービスする側の事情も考えて頼み事をする。これも「マナーを超えた気くばり」です。

相手の都合を考えることは、一見自分が我慢しなければならないように思えますが、相手の作業性が上がることで、結果的に自分もやりやすくなることにつながります。

職場でも自分が思いついたタイミングで五月雨《さみだれ》式に相手に頼むのではなく、頼み事を優先順位順に箇条書きにしたメモを渡したり、相手の仕事を中断させないタイミングを選ぶことで、相手の作業性を上げることができます。そして相手のタイミングにも気くばりができる人は、全体を見ることができている人として一目置かれるはずです。

超一流は周囲の人と打ち解ける――
心の壁を取り去る「ファーストエチケット」

礼儀正しさで相手の心のバリケードを崩す

パーソナルスペースが狭い機内では、周囲のお客様と円滑な関係を築くことが、快適さにつながります。最初は皆少なからず前後左右のお客様がどんな方なのか不安があり、心にバリケードを張っている状態です。

ただ機内で乗り合わせただけの自己紹介をする関係でもないからこそ、こちらから礼儀正しい行動をとることが、そのバリケードを崩し、自分も相手も居心地のよい空間をつくることにつながるのです。

お客様の荷物の収納を手伝うトップアスリート

「ラグビーワールドカップ日本大会開催時、海外の選手の方々がお乗りになりました。えらぶる様子もなく、笑顔で近くのお客様の荷物の上げ下ろしを手伝ってくださっていて、機内がとてもいい雰囲気になりました。大きな舞台を控え、試合のことで頭がいっぱいになってしまっていてもおかしくないような状況なのに、まわりの様子を見ることができる姿に一流の方の余裕を感じました」(元外資系エアラインＣＡ)

このような、荷物のヘルプに関するエピソードは尽きることがありません。そのお客様にとってはささやかなことかもしれませんが、助けてもらった方は想像以上に感謝してあとあとも覚えているものなのです。

隣席のお客様に配慮する人気芸能人

とある有名男性アイドルの方は、隣のビジネスマンが座席まわりに何かを落としてしまった際に、一緒に一生懸命捜してあげていらっしゃいました。

また、人気お笑い芸人の方は、隣にお座りだった若い女性が自分のことに気づいてひどく緊張してしまっている様子に気づき、気さくに話しかけてあげていました。

このような人間味あふれる姿を見ると、助けられた相手だけではなく、その様子を見たまわりの人も温かい気持ちになります。

「ファーストエチケット」で居心地が格段によくなる

初対面の人に対して構えてしまいがちな日本人は、見ず知らずの人に対して、知人に対してはは決してとらないような失礼な態度をとってしまうことがよくあります。

例えば機内で勃発することも多い「肘かけ争奪戦」や、座席の背を倒すことによるトラブル。もし相手が自分の知人であれば、譲り合ったり会話を交わすなどして、そのようなトラブルには発展しないはずです。お互い相手がどのような人かわからず警戒しているため、無駄にとげとげしてしまっているような気がします。

そのような状態を打破し、周囲のお客様と円滑な関係を築くには、「ファーストエチケット」がとても大事です。

「ファーストエチケット」とは私の造語なのですが、冒頭で説明したように初対面の相手の心のバリケードを崩す礼儀正しいエチケットのことです。

例えば、席につくときに隣席の人に「お隣失礼します」と挨拶したり、座席の背を倒すときに後ろの席の方に「少し倒していいですか？」と声をかけるなどがこれに当たります。話しかけるのが苦手な方は、目が合った際に笑顔で会釈するだけでも違います。

たったひとことですが、これだけでも壁が取り除かれ、その空間の居心地が格段によくなります。その後何か困ったことがあったときも助けてくれたり、譲り合ったりというポジティブな関係性が生まれやすくなります。

窓側の席の場合、お化粧室に行くのが気まずいという声もよく耳にしますが、最初に隣の席の方とひとことでも挨拶しておくことで、ずいぶんと言い出しやすくなりますよ。

赤ちゃんが泣いても周囲を味方にする賢いママ

ファーストエチケットが功を奏した例として、このようなエピソードがあります。

「赤ちゃん連れのお母様が国際線にお1人で乗られたときのことです。お乗りになるとすぐに、前後左右すべてのお客様に『お騒がせしてしまったらすみません』と丁寧に挨拶していらっしゃいました。そして航行中、案の定赤ちゃんが泣き出してしまったのですが、前後左右すべてのお客様が、全力で赤ちゃんをあやしてくださったのです！　最初の挨拶で、まわりのお客様を味方につけた素晴らしいお母様でした」

周囲の乗客と円滑な関係を築くといっても、何も打ち解けて会話をするというわけではありません。

たったひとことの挨拶やアイコンタクトだけで、「私は悪い人ではありませんよ」というメッセージが伝わり、相手の警戒心がほどけていきます。超一流の方はこの「ファーストエチケット」が習慣として身についているように感じます。

超一流は電子機器よりも会話を楽しむ——唯一無二の情報源は「人」

CAの人生を変えたファーストクラスのお客様との会話

ファーストクラスのお客様はスマートフォンやタブレットを見ている方がとても少ないというお話をしましたが、その代わりに盛んなのが会話です。

藤原絵里さんは、ファーストクラスのお客様は睡眠を取られている方がほとんどだったといいます。そして、起きているときは何をしていたかというと、会話を楽しまれていたそうです。

「ファーストクラスのお客様は何かサーブするたびにそこから話が広がっていき、会話は尽きることがありませんでした。私は英語が苦手なまま外資系エアラインのCAになったのですが、サービスを受け慣れていらっしゃるお客様のほうがリードしてくださっていたのだと思います。サービスを受けるなかでも会話を楽しむということに感銘を受けた私は、自分ももっと英語の語彙力を増やしたいと思い、ワーキングホリデーでロンドンに行くことを決めました」

会話をしながら楽しむことで食事の満足度が上がる

お食事のときも映画を観ながら召し上がっている人は少なく、食事に集中して楽しんでいらっしゃる方が多い印象です。

藤原さんは「CAはお食事をサーブする際に簡単にメニューの内容を説明しますが、そこで『そうなんですね』で終わらないのがファーストクラスのお客様の特徴です」と語ります。

「『○○産のお魚なら、どんなワインが合うかな?』『イタリアのワインも搭載されているかな?』『あのワインは美味しかったよ』など、ワイン1つ選ぶにもさまざまな会話が繰り広げられます。その後も、『○○で食べたお魚も美味しかったけど、これも美味しいね』とか、『ローマでは時間あるの? ここのお店が美味しいよ』など、サーブするたびに会話が弾んでいきます」

「ながら食べ」ではなく、その食材やワインについて会話をしながら楽しむことで、味覚も研ぎ澄まされ、食事の時間がより一層彩り豊かになります。

「今に集中して目一杯楽しむ」というのが、超一流の流儀なのです。

会話のなかで自分が磨かれ、成長していく

「ファーストクラスのお客様は経験も知識も豊富なので、ＣＡも常にアンテナを張って自分の引き出しを増やすことが求められます。今の料理のトレンドや食材の栄養価を学んだり、海外に滞在する際に背伸びして三つ星レストランに足を運ぶなど、メニューの説明だけでなくプラスアルファの会話もできるようにたくさん勉強しました。それはとても楽しかったですし、かけがえのない経験でした」

と話すのは田中公子さん。

ソムリエの資格を取るＣＡが多いのも、ワインが好きなのはもちろんですが、知識を深めないとお客様と会話にならないという側面もあります。

食事やワインの話題だけでなく、「この路線のビジネスクラスが最近満席のことが多いの

は、日系企業が多く進出しているから」「最近はこういうファッションで乗られる方が多い」など、ＣＡはフライトをしながら世の中の流れやトレンドも敏感に察知し、お客様との会話に活かしています。

ファーストクラスはＣＡも時間に余裕があるからという背景もありますが、総じて超一流のお客様は一般的なやりとりではなく、一歩踏み込んだ会話をされることが多い印象があります。そして1つの話題から、芋づる式に会話が発展していきます。

その会話のなかで、ＣＡは自分の知識や経験を深めたいという思いになり、成長していくともいえます。

生身の人間とのコミュニケーションから得られる情報は唯一無二

今はどこにいてもインターネットでさまざまな情報を入手できる便利な時代になりましたが、ファーストクラスのお客様は目の前にいる生身の人間との会話に重きを置いているように思えます。

インターネット上の情報には誰でもアクセスできますが、目の前にいる人との会話のなかで自分で聞き出した情報は、自分オリジナルの唯一無二の情報になります。誰かに情報を伝える際も「ネットで見たのですが」というよりも、自分の実体験に基づいていることのほうがより説得力が増します。

今の時代、情報収集でインターネットやテレビを活用することは欠かすことができない生活の一部だとは思いますが、目の前に会話できる人間がいるときには、その人との会話に重きを置くことで、情報の質も変わってくるかもしれません。

超一流の自己管理術――
常にベストコンディションを保つ

自分流のこだわりは機内でも貫く

ファーストクラスのお客様の機内での過ごし方を見ていると、自己管理へのこだわりに感動することがあります。機内という限られたものしかない空間でも、自分がベストなコンディションを保つためにさまざまな工夫をされています。

野菜を一切食べないことで有名なあるスポーツ選手の方は、ハンバーガーも野菜抜きでとオーダーされ、パテに入っている小さな野菜も可能な限りでいいので取り除いてほしいというほど徹底されていたそう。担当したＣＡは、一切野菜を食べない徹底ぶりに驚いたと同時に、食べられなくて野菜を残すことがないように最初から細かくオーダーされたことに好感を抱いたといいます。

機内では食事量をセーブする

機内では運動量が少ないので、食べ過ぎると胃が重く感じられることもよくあります。そのため、普段の食事量よりも意識的に少なめに召し上がる方も多いようです。チキンやサラダなどヘルシーなものを召し上がったり、日本時間の夜中には口にするのど飴《あめ》の種類にまでこだわっている方もいます。満腹になることで仕事や睡眠の質が落ちてしまうことを気にされる方も多い印象です。お酒とも自制心を持って付き合われている方がとても多いです。

飲むとしたらポリフェノールが豊富な赤ワインを1杯だけと決めていらっしゃる方や、お酒は一切飲まないと徹底されている方も想像以上に多く驚きます。

肌がツヤツヤな60代女性の秘密

乾燥している機内では、動かなくても水分が失われがちです。エコノミー症候群予防や肌荒れ対策のためにも、意識的に水分補給をされている方も多いです。

「ファーストクラスにお乗りだった60代くらいの女性。ヨーロッパ便だったのですが、その後さらに乗り継ぎをされて、私達も知らないようなかなりレアな国にご旅行されるとのこと。肌がツヤツヤではつらつとした雰囲気が印象的だったのですが、機内では水は必ず500ミリリットルを5本は飲むと話されていました。また、お化粧室に立たれたついでに屈伸運動をされている様子もよく見かけ、健康にとても気をつかわれている様子でした」(元日系エアラインCA)

機内でもトレーニングする有名政治家

この女性のように、機内で運動をされている方をよく見かけます。

某有名政治家の方は、化粧室に立たれた際にいつも日課にしているというトレーニングをされていました。トレーニングといっても、大々的におこなうようなものではなく、スクワットをしたり、手を握ったり開いたりするような、機内でも周囲に迷惑がかからずできるようなものでしたが、あとから年齢を聞いて驚いたほど、背筋がシャンと伸びて姿勢がよかったのが印象的でした。

こちらの政治家の方に限らず、ファーストクラスにお乗りのお客様は、70代、80代でも健康的で覇気《はき》がある方が多い印象です。皆様肌ツヤがよく、食欲も旺盛です。

超一流は健康管理に投資する

ＣＡは健康管理にとてもシビアな職業です。外地でスタンバイのＣＡがいないような場合は、自分が風邪をひいて乗務できなくなってしまったら、便の欠航も起こりかねない重大な事態を招いてしまうからです。

そのため、日頃から体調管理には細心の注意を払っていて、自己管理には自信があると自負しているＣＡが多いのです。

そんなＣＡから見ても、超一流のお客様の自己管理には高いプロ意識を感じます。体調を崩すことで周囲に迷惑をかけてしまうような責任重大なポジションにいらっしゃる方が多いこともあると思いますが、それ以上に健康な身体こそ大事な財産だと認識し、いかなるときもベストコンディションを保つため、自分の身体に最大限の思いやりを持って接しているように感じます。

著名人も通われている整体の院長先生は、「富や名声を得た人ほど、本当に大切なのは健康な身体だということに気づき、派手な生活よりも自分の健康管理に投資するようになる」

と話していました。

アメリカでは太っていることで、「自分の体形型管理もできないということは仕事もできない」という印象を抱かれてしまうといわれていますが、しょっちゅう風邪をひいている人やいつも顔色の悪い人には、いくら仕事ができてもどこか不安な要素を感じてしまいます。

逆に、年を重ねても日々の運動を欠かさない姿や、徹底した自己管理を続けている姿からは、責任感や信頼感を感じることができます。

超一流は食べ物を残さない――
「フードロス」に対する意識が高い

ファーストクラスのお客様は食事を無駄にしない

「お食事を残す方がほとんどいない」

「食べ終わったあとがとてもきれい」

これは、ファーストクラスを担当するCAが、口を揃えて言うことです。

出されたものを残すことが失礼にあたるからということもあるとは思いますが、それよりも食べ物を無駄にしてしまうこと、「フードロス」（食べられるのに廃棄される食品）を気にする方が多い印象があります。

現役CAで栄養士としても活動する神原李奈さんによると、

「日本では年間約612万トンもフードロスがあるといわれています。いつでも手軽に食べ物が手に入る生活をしていると、あまり危機感を感じることはありませんが、実は深刻な問題になっているのです」

超一流がメニュー選びで意識していること

超一流の方が無駄なものを持たず、時間の使い方にも無駄がない様子はこれまでにお話ししてきましたが、無駄をそぎ落として必要なものだけを選ぶ姿勢は、食べ物についても一貫しています。

まず、オーダーする時点で、「あんまりお腹がすいてないから、これとこれだけにしようかな」など、自分のお腹と相談しながら量を決めていらっしゃいます。量が多めのものは、お連れ様と2人で1つオーダーされ、シェアされることもあります。

また、お酒をオーダーされる際もとても気にされます。「果実酒を少し飲みたい気分なんだけど、小さいボトルあったっけ?」とボトルの大きさを気にされる方や、自分の好みだけではなく秘書や関係者の希望を聞き、皆で飲めるものをオーダーされる方もいらっしゃいます。

「ちょっと赤ワインを飲みたい気分なんだけど、何か開いてるのある?」というように、

「開いてるのでいいから」とオーダーされる方も多いです。CAが「そこまで気にされなくてもいいのに」と思ってしまうほど気にされるのです。

そのため、お食事もお酒も残される方は少なく、食後のお皿もトレイもとてもきれいです。魚がきれいに骨だけ残されていて驚くこともあります。

それでもどうしても食べ切れずに残される際には「ちょっと食べきれなくて残してしまって、すみません」とひとこと添えてくださいます。

損得を考えず、自分に必要なものだけを選ぶ

機内では食事もお酒もどれだけ食べても料金は変わりません。そのため、お客様のなかにはここぞとばかりにたくさんの量をオーダーされる方がいらっしゃるのも事実です。

なかにはこんな残念な話もあります。

「アップグレードでファーストクラスにお乗りになったお客様に、『メニューに載っているもの全部持ってきて』と言われました。とても食べきれる量ではないと思ったのですが、案の定かなりの量を残され廃棄することになり、非常に残念な気持ちになりました」

ワインリストに載っているワインを全部開けてほしいと言われたCAもいるとか。そんななか、超一流のお客様のフードロスを気にする姿勢には、食べ物や環境、サービスする人への配慮が感じられます。

超一流の機内での熟睡術――

到着後のパフォーマンスを上げるために睡眠を重視する

124ページで時差対策についてお話ししましたが、そのなかで大きなウェイトを占めるが睡眠です。

機内では寝て過ごすというスケジュールを立てていても、普段と違う環境でなかなかうまく眠ることができないという方も少なくないのではないでしょうか。私がこれまで見てきたなかでは、男性のほうが機内で眠るのが苦手という方が多いように感じます。

決して睡眠にいい環境が整っているわけではない機内だからこそ、快適な睡眠を取るためには工夫が必要になります。

まず重要なのが光。快眠ホルモンと呼ばれる「メラトニン」は、光によって分泌が抑制されてしまうといわれています。

特にデジタル機器のブルーライトは要注意です。寝る前にパソコンやスマートフォンを見ないようにと聞いたことがある方は多いと思いますが、機内の個人用画面にも気をつけましょう。機内では、寝る直前まで個人用画面で映画をご覧になっている方も多く見受けられますが、睡眠にはあまりよいとはいえません。画面との距離が近く、より光の影響を受けやすいので、少なくとも熟睡したい30分前からは画面を消すようにしましょう。

また、寝たい時間に機内の照明が明るいこともあるので、アイマスクは必需品です。機内で用意されていることもありますが、乗り慣れていらっしゃるお客様はマイアイマスクを持ち歩かれている方も少なくなりません。

例えば、リフランスの「スリープマスク」は立体構造で圧迫感のない快適な着け心地なうえ、眼精疲労も改善してくれるので、パソコンや個人用画面を見る時間が長い方や、日頃から目を駆使しがちな方におすすめです。

そしてもうひとつのポイントが音。飛行機の轟音《ごうおん》、周囲の乗客の会話、機内サービス音など、狭い機内はさまざまな音が気になってしまいやすい環境ですが、自分のペースで睡眠を取るためには周囲の環境に左右されない防音対策が必須です。

乗り慣れたお客様に圧倒的に人気なのが、BOSEのノイズキャンセリングヘッドホン。先述したように、ファーストクラスではBOSEのノイズキャンセリングヘッドホンが用意されているにもかかわらず〝マイBOSE〟をお持ちになる方が少なくありません。ヘッドホンだと重くて寝ているあいだにズレてしまいやすい、持ち運び時にかさばるという理由で、女性にはノイズキャンセリングイヤホンも人気があります。

耳栓も高機能なものが出てきているので、機内で用意されているものではなく、お気に入りのものを持参するのがおすすめです。私は粘土のような素材でできた「パティ・バディーズ」を日頃から愛用しています。

それでもなかなか眠りにつけないときには、失った眠りを取り戻すといわれる「失眠《しつみん》」(かかとの中央)や、心を落ち着かせる効果のある「百会《ひゃくえ》」(頭頂部の中央)などのツボ押しをする、マスクの内側にラベンダーのアロマオイルを1滴垂らす、深い呼吸を意識して繰り返す、などもリラックス効果があっておすすめです。

超一流のお客様は、眠れないのを周囲の人や環境のせいにせず、それぞれ自分で睡眠に適した環境を整える工夫をしています。機内での熟睡術をマスターすると、出張や旅がより快適になりますよ。

第4章

ファーストクラスに乗る人が、あえてブランド物を着ない理由

相手に与える印象を第一に考える

超一流は清潔感に投資する――

髪や肌のメンテナンスが行き届いている

恥ずかしい姿は人に見せない

ファーストクラスにお乗りになるお客様に共通しているのは、年齢や職業に関係なく清潔感があるということ。清潔感は人に不快感を与えないための最低限のマナーで、CAも常に清潔感ある身だしなみを意識しています。そのため、つい厳しい基準で人の身だしなみをチェックしてしまう癖があるのですが、ファーストクラスのお客様の身だしなみへの意識の高さからは、私達も勉強させられることが多くあります。

基本の心構えとして感じるのが、常に人に見せる姿に気をつかわれているということ。特に長距離フライトの場合、食事や睡眠を取ったりと、つい家のようなOFFモードになってしまうシチュエーションが多いですが、超一流の方はそのなかでも一線を守っていらっしゃるように見受けられます。

一例をあげますと、ファーストクラスでは靴下を脱いだお客様の姿を見たことがありません。もしかしたら毛布のなかでは脱いでいるのかもしれませんが、その姿は人には見せるものではないと考えていらっしゃるのでしょう。

機内でも寝起きの姿で食事をしない

超一流の方は、髪がきれいに整っている、無精ひげが生えていない、爪がきれいに切り揃えられているなど、細部にまでメンテナンスが行き届いている様子から清潔感が感じられます。

髪はこまめにカットに行かれているのが伝わってくるようなスタイルで、飛行機に乗られる際も洗いざらしの状態ではなく、しっかりとセットされています。

長距離フライトでは機内で睡眠を取られることが多いですが、寝起きでも顔を洗って歯磨きをして髪の毛を整え、着替えてからONの顔で食事をされています。

フライト後半でひげが伸びてきたときには機内でもひげを剃ったりされています。なかにはもともとひげ脱毛をされている方もいらっしゃるようです。

男性でも高級化粧品でスキンケア!?

肌ツヤがいい方が多いのも特徴です。

肌は内臓の鏡ともいわれるように、日頃の生活習慣があらわれる場所でもあります。年齢に応じたシワはその人の人間性が感じられ魅力的ですが、吹き出物がたくさんできていたり、クマができてげっそりしているような様子だと、日頃不摂生をしているのかなと想像してしまいます。

ファーストクラスのお客様は年輩の方も少なくありませんが、肌ツヤがよく、健康的な印象です。ビジネスマンの方でも高級化粧品「DE LA MER（ドゥ・ラ・メール）」のスキンケアシリーズを使用されていたり、女性にも人気の美顔ローラー「ReFa CARAT（リファカラット）」でフェイスラインのケアをされているなど、女性顔負けの美意識をお持ちの方もいらっしゃいます。歯もきれいな方が多く、ホワイトニングをされている方もいらっしゃるようです。

また、近距離で接客していても加齢臭などを感じることがありません。きっと日頃からにおい対策にも気をつかわれているのでしょう。

背筋がシャンと伸びて姿勢がよく、体形が若々しいのも皆さん共通しています。健康管理のために日頃からよく歩く、ジムに通うなどの運動を取り入れている方がとても多い印象です。

機内でノーメイクと思わせない超一流の女性

女性でも香水の香りがきつい方や、周囲を気にせずシートマスクをしながら乗られているような方はほとんど見かけません。

女性はお化粧を落としてから飛行機にお乗りになるケースも多いですが、ONの顔に見せたい場合は口紅を塗るだけで印象が大きく変わります。「きれいに口紅が塗られていたので、機内でも身だしなみに気をつかわれる素敵な女性だと思った」というCAのコメントもあるほど、メイクをしているか、していないかは口紅で判断されるところが大きいのです。

CAメイクで濃い口紅が推奨されるのもそのためです。私自身、口紅が少しでも薄い場合はすぐに指摘されていたのですが、マスカラを塗り忘れた日は一日中誰にも気づかれませんでした。実際、CAのなかには「アイメイクは崩れるからマスカラは塗らない」という人もいます。

口紅だけならすぐに落とせますし、肌に優しい色付きリップクリームを使うという手もあります。女性の場合は口紅で機内のON／OFFの顔を切り替えるのもおすすめです。

細部までメンテナンスを欠かさない

髪、ひげ、歯、肌、体形など細部へのメンテナンスが行き届いているということは、細かいところまで気くばりができるということのあらわれにもなります。そしてその細部の印象が全体の印象に与える影響は想像以上に大きく、何か1つでもマイナス要素があることで、ほかがどんなによくても印象が崩れてしまうものです。

超一流の方の身だしなみからは、マナーとしてNGではない最低限のレベルをクリアするのではなく、見る人を清々しい気持ちにさせるような高いレベルでの気くばりが感じられます。

超一流は身だしなみで信頼感を演出する――
足元まで手入れしてこそ超一流

超一流のファッションが「上質そう」に見える理由

超一流の方は、〝おしゃれ〟よりも〝清潔感〟のほうが大事、という大前提を忘れることがありません。

超一流のお客様のファッションの特徴として、CAが声を揃えてあげたポイントが、

・スーツにシワがない
・シャツにアイロンがかかっている
・ズボンにしっかりプレスが入っている
・靴が磨かれている
・スーツがジャストサイズ
・服に毛玉やほつれがない

・よれよれの服を着ていない

などです。「どんなブランドの服を着ているか」ということよりも、「どのような状態のものを着ているか」という点を意識していることがわかります。また、

・どこのブランドかわからないけれど、上質そうに見える
・実際に高いかはわからないけれど高級感がある
・清潔感があり、大切に使っている感じがする
・携帯電話の液晶がひび割れている人、鞄がすれている人などを見たことがない

というコメントも多く、超一流の方が物を大切に扱っている様子が伝わってきます。

皇室の方の靴が教えてくれたこと

「皇室の方々はいつもとてもきれいに手入れされた靴を履いていらっしゃいます。足によく馴染《なじ》んでいらっしゃって、長年大事に履かれている様子が伝わってきます。そのようなところからも、物をいつくしむ心が感じられ素敵だなと思います」

と、多くの皇室フライトを経験してきた田中公子さんは言います。

また、藤田恵梨さんは、

「スマートフォンで管理する人も多いなか、味のある革の手帳を使っていたビジネスマンの方は印象的に残っています。手帳は年季が入っていましたが、しっかりと革に磨きがかかっていて、お気に入りのものを何年も大事に手入れして使われている様子が伝わってきました。そのような姿勢からは、人間関係もお仕事も大事に育てていらっしゃる姿が想像できます」

と話していました。

靴や手帳1つで、持ち主の心まで伝わってくるのです。

武器にするのはブランドではなく「セルフモニタリング能力」

「超一流の方は、自分を客観的に見るセルフモニタリング能力に長けている」

と断言するのは、元日系エアラインCAで、現在は戦略的イメージコンサルタントとして男性向けのイメージ管理セミナーなどをおこなう阿部円香さん。皆さん、その服を身につけることで自分が周囲からどう見られるか、どんな印象を与えるかということを常に考えていると言います。

シワシワの服を着ていたり、靴が汚れていたりすることは、「私はそこまで気をくばる余裕がありません」というメッセージを全身で発しているようなものです。

逆に、しっかりと手入れの行き届いた服を着ることで、「清潔感」「丁寧さ」「余裕」「信頼感」などを伝えることができます。

これが、どんなブランド物を着用するよりも相手に好感を与える秘訣なのです。

靴にお金をかけている人が本当のお金持ち

特に重要なのが靴です。

私がCAとして勤務していたとき、毎回フライト前に「靴がピカピカに磨かれているか」というチェックがありました。

そのため、ひと際きれいに磨かれているCAがいると、「どの靴磨きを使ってるの？」と聞いたり、もともときれいに磨かれたような光沢がある合皮の靴が口コミで広がるなど、皆靴磨きに関しては相当こだわっていました。

新人の頃は「どうしてここまで靴にこだわるのだろう」と思っていましたが、ファーストクラスを担当してよくわかりました。皆様、靴がピカピカだからです。そんななか、C

Ａの靴がピカピカに磨かれていなければ、恥ずかしくてお客様の前に立てないと思いました。

中東系エアラインでは、砂漠地帯ですぐに靴が砂埃《すなぼこり》で汚れてしまうため、ＣＡは常にポケットに靴磨きをしのばせていて、機内に入ってから靴を磨いていると聞きました。

そんななかでも、やはりファーストクラスに乗るお客様は靴をきれいに手入れされているとか。お金持ちが多い印象の中東でも、「靴にお金をかけている人が本当のお金持ち」といわれているそうです。

本当に気に入ったものを、丁寧に手入れしながら大切に使う。

そんな物への優しい気くばりは、初対面の相手にもその人の歴史やストーリーを伝えるとともに、その物自体が持つ価値をはるかに超えたものに変えていくのです。

超一流はファッションのここにこだわる――
周囲にどう映るかを意識する

超一流の服は印象に残らない!?

基本的に、超一流の方の服装はとてもシンプルです。「あ、○色のシャツに○○のブランドのネクタイをしていたあのお客様ね！」というように、洋服自体の印象が残っていることはあまりありません。変に若づくりするでもなく、えらぶるわけでもなく、年相応の違和感がない服装といえます。

前項で述べたように、「上質そう」「手入れが行き届いている」という印象はあるのですが、服自体については正直印象に残っていないというのが、多くのＣＡの意見です。

ファッションによっては敵をつくってしまうこともあります。超一流の方のシンプルなスタイルを貫く姿勢からは、皆に安心感や信頼感を与えるということを一番に考えていらっしゃることが伝わってきます。

上級者は控えめなおしゃれを楽しむ

阿部円香さんも、ビジネスマンのファッションについて、
「トレンドアイテムやブランド物を身につけるのではなく、シンプルななかにも自分のスタイルを貫くところに信頼感が生まれます。基本的には皆に好印象を与えるシンプルで清潔感があるスタイルで、『おしゃれ感』は前面に押し出すのではなく、さりげなく取り入れるのが上級者です。例えば、いつもネイビーのネクタイがトレードマークでも、よく見ると毎回柄が違うなど、わかる人にはわかるという控えめなおしゃれを取り入れるなどです」
と話しています。

一見シンプルなスーツなのに、よく見るとスーツの裏地がおしゃれな色だったり、シャツに刺繍《ししゅう》が入っているなど、さりげない遊び心を取り入れている方には、センスのよさを感じます。

特に、ある程度年輩の方がそのような遊び心をファッションにしのばせていると、とてもチャーミングに感じ、つい「そのシャツ、とてもおしゃれですね」などと話しかけたくなってしまいます。

姿勢矯正ベルトを使っていた政治家

また、阿部さんは、「日本は海外に比べて、ファッションによってブランディングをしたり、印象管理をすることに後れを取っている」とも話しています。ほかのＣＡからも大臣経験のある政治家の方のこんなエピソードを聞きました。

「まだイメージコンサルタントという言葉も聞かれなかった時代、その方は、日本の威厳というものを示すために、ファッションや身だしなみにとても気をつかわれていました。ご自身だけでなく、ＳＰの方も海外でも引けをとらないくらい、ピシッとしていて格好がいい印象でした。その便では乗り継ぎがあったのですが、ほんの少しの乗り継ぎのために、完璧に身だしなみを整えて降りていかれました。そして驚いたのが、スーツの下に姿勢矯正ベルトを使用されていたこと。それくらいまで徹底して自らの見え方を客観視している姿に高いプロ意識を感じました」（田中公子さん）

独りよがりではなく周囲にどう映るか

矛盾するようではありますが、芸能人・著名人の方は、その方のトレードマークともいえる服装でお乗りになることもあります。それが、その方にとってのONの姿だからです。元外資系エアラインCAからは、こんな話を聞きました。

「世界的に有名な女性アーティストの方。機内ではリラックスされた様子で過ごされていたのですが、着陸準備に入るとお化粧室に入られ、出てきた姿はテレビのなかから抜け出してきたようないつものスタイルでびっくり！「Have a nice life!」と笑顔で声を掛けてくださいました。長距離フライトでお疲れだったと思うのですが、人前に出るときには手を抜かない姿にプロ意識を感じました」

シンプルななかに自分のこだわりを取り入れるビジネスパーソンも、トレードマークとなるファッションに身を包む芸能人も、いずれも独りよがりではなく周囲にどう映るかという気くばりを欠かさないところが共通しています。

そしてそのような気くばりは、ファッションを通してしっかりと相手に伝わるものです。

超一流にとってブランド物は「諸刃の剣」――あえて高いスーツを着ない理由

ブランド物を身につけるリスク

ファーストクラスのお客様のファッションについて、ＣＡは口を揃えて「目立ったブランド物を持つ人はあまり見かけなかった」と言います。もしかしたらブランド物を持っていたのかもしれませんが、「〇〇のブランドだ」という印象よりも、先述したように「こだわって選んだものを丁寧に使っている」という印象なのです。

ブランドは人によって好みが分かれたり、ブランド自体が発するメッセージが強すぎるため、むやみにブランド物を身につけるのはリスクもあると、阿部円香さんは話します。

「ブランド物を身につけることで、自分を大きく見せようとしている、お金があることを見せつけているというように受け取られてしまう場合もあります。そしてそれはブランド物の力を借りないと自分の価値を表現できないという印象につながりかねません」

お金があってもブランド物を身につけない

海外に留学経験もあり、セルフマネジメントに長けている某大物政治家の方は、あえて高いスーツを着ないようにしているといいます。

それは、もし買い物している姿を見られた際、私達が手の届かないようなブランドだと、「あんな高いものを着て、やっぱりたくさんお金もらっているのね」という印象になるところ、そこまで高価なお店でなければ「意外と庶民的なところがあるのね」と好感度が上がるからだそう。

ここまで徹底的に「これを身につけるとどういう印象を持たれるか」ということを考えているのです。

ブランド物との上手な付き合い方

阿部さんはこうも話します。

「会社の上層部の方のファッションは会社全体の印象にも影響します。例えば、会長だけがブランド物をたくさん身につけ、社長はみすぼらしい服装をしていたら、従業員にはお給料を渋っているのではないかと思われかねません。従業員からしても、もっと社員に還元してほしいと思ってしまいます。逆に、トップの身なりがよくないと、『あの会社は大丈夫かな』と投資家から心配な目で見られてしまいます」

ブランド物を買う経済力も十分にあり、ブランド物を持つことが禁止されているわけでもないのに、超一流のお客様がひと目でわかるようなブランド物を身につけないのは、このあたりのことをちゃんと理解したうえで、すべての立場の人に不快感を与えないような気くばりをされているからだと思います。

もちろんブランド物すべてがよくないわけではなく、このブランドのこの革製品が大好きで、などこだわりを持って選ばれるのは素敵なことだと思います。

前にも述べたように、こだわって選んだものを手入れして丁寧に使うことは信頼感にもつながりますし、ファッションの一貫性を示すこともできます。

ただ、ブランド物はメッセージ性が強いため、自分の印象に大きな影響を与えるということを把握しておいて損はありません。

超一流はカジュアルダウンもスマート――OFFモードのときも気を抜かない

いつどこで誰に会っても恥ずかしくない服装を徹底

公《おおやけ》の場ではピシッとしたスーツ姿しか見せないような超一流の方が、OFFのときはどのような服装をされているか、気になる方もいらっしゃるのではないでしょうか。

大手企業の役員の方やVIPの方などは顔が知れている方が多いからか、「空港内やラウンジなどで、誰に会ってもいいように」と、いつどこで誰に見られても恥ずかしくないような服装をされている方がほとんどです。

長距離路線であっても、スーツで乗られる方も少なくありません。もちろん、機内でお休みになるときにはリラクシングウェアに着替えられるのですが、飛行機を降りられるときにはまたしっかりと身支度をしてスーツ姿で降りていかれます。柔らかそうな素材の襟付きのシャツにチノパンといったような肩肘張らないスタイルで乗られ、機内ではお着替えにならずに過ごされる方もいます。機内でずっとお休みになって過ごされるとしても、ジャージや部屋着のような服装で乗られる方はまずいらっしゃいません。

リゾート便のスマートカジュアルスタイル

リゾート地行きの便でも、Tシャツ、短パン、タンクトップ、サンダルなどをお召しになっている方はほとんど見かけることがありません。

若狭遥さんは、

「超一流の方のリゾート路線での服装は、白スニーカーにチノパン、柄入りシャツやポロシャツなどの襟付きシャツ、薄手のジャケットなどが王道。かしこまりすぎず、カジュアルすぎず、そのバランスの取り方がとても上手な方が多いです。現地のレストランやバーなどのドレスコードにもひっかかることがないような服装を意識しているように感じます」

と話しています。

スーツを脱いだときこそ、センスが問われるという洋服選び。ＴＰＯに合わせカジュアルダウンしつつも、相手に失礼にならないような気くばりが感じられる清潔感のある装いは、とてもスマートに映ります。

ＶＩＰは病院に行くときも身なりを整える

「私が勤務しているクリニックには、海外のＶＩＰの方が多くいらっしゃるのですが、ものすごく体調が悪かったり、胃カメラを飲んだりする場合を除き、皆様とてもきちんとした身なりでいらっしゃいます。女性の方はネイルが剥げているようなことはなく、細部まで気をつかわれていることが伝わってきます。病院という場であっても身だしなみに手を抜かないところに意識の高さを感じます」

と語るのは、現在はＶＩＰ専用クリニックに勤務する大高千穂美さん。

ドレスコードが指定されているわけでもなく、つい楽な服装をしたくなってしまうリゾート路線や病院でも、その場に居合わせる人やスタッフへの気くばりを欠かさない様子がわかります。

ファッションのマイナスイメージのインパクトは大きい

誰にも会いたくないという格好をしているときに限って、知り合いに会ってしまうという経験をされたことがある方は少なくないのではないでしょうか。

実は、他人の服装のいい部分（アイロンがしっかりかかっている、新調したばかりのスーツ、トレンドを取り入れているなど）よりも、悪い部分（TPOに合っていない服装、服がシワシワ、部屋着のようなダサい服装など）のほうが圧倒的にインパクトが強く、人の印象に残りやすいものです。

いつもバッチリおしゃれに決めていても、たった1回、変な服装をしているところを見られただけで、「いつもはこんな格好をしているんだ」と、そのイメージが頭に焼き付いてしまいます。

だからこそ、セルフモニタリング能力が高い超一流の方は、いつどこで誰に見られても恥ずかしくないような服装を徹底しているのです。

おわりに――
「マナーを超えた気くばり」でCAも人生が変わった！

本書の出版のきっかけとなったのは、「Forbes JAPAN」に私が執筆した「元ファーストクラスCAに聞く『機内で噂される一流の乗客』の共通点」という記事でした。

この記事は編集担当の方が驚くほどの大反響だったそうで、多くの人がファーストクラスに乗るような超一流の人はどんなマインドを持ち、どんな習慣があるのかを知りたがっているのだと、私自身が気づく機会となりました。

この「一流の乗客の共通点」を掘り下げていくことで生まれたのが本書です。取材・執筆をしながら、私だけでなくCAメンバーも、「ファーストクラスで出会った超一流のお客様のようになりたい」と強く思いました。

本書を読まれた方には、「それはお金持ちだからできることでしょう」「ファーストクラスに乗っているからできるんでしょう」と思われた方もいらっしゃるかもしれません。

確かにそのような要素もあるかもしれませんが、私はむしろ逆ではないかと思っています。お金があるから超一流のふるまいができるのではなく、超一流のふるまいをしているうちに、成功を引き寄せたのです。

だとすれば、人生がうまくいく秘訣は、この「超一流のふるまい」を実際に取り入れることにあるのではないでしょうか。

実は、本書で紹介してきた超一流の「マナーを超えた気くばり」の数々を取り入れたことで、人生が変わったというCAはたくさんいます。

最後に、そのエピソードをいくつか紹介させていただきましょう。

女優として活動する元外資系エアラインCAの藤原絵里さんは、共演者やスタッフなど多くの人が関わる撮影現場でも、ファーストクラスのお客様から学んだ「相手の名前を呼ぶ」ということを心がけています。人間関係が円滑になり、コミュニケーションをとりやすくなっていると実感しているそうです。

ホスピタリティ講師として活動する元日系エアラインCAの藤田恵梨さんは、相手に興味を持ち、相手の話を聞こうとする超一流の方の「聴く姿勢」を意識的に取り入れたことによって、「聞き上手」と言われたり「相談にのってほしい」と声を掛けられることが多くなったそうです。それはホスピタリティ講師としてエアライン業界を目指す学生をはじめ、現役CA、企業研修の受講生からの悩み相談を受ける際に大変役立っているといいます。

元日系エアラインCAの濱田結香さんは、超一流の方のモラルや「人に譲る」精神に感銘を受け、日常生活のなかでも困っていそうな人がいないかまわりを見渡す余裕を持ち、いたら積極的に声をかけるようにしているそうです。人として恥ずかしくない自分でいることで、自分に自信が持てるようになり、人からも温かい言葉をかけてもらうことが多くなったといいます。

そして私自身は、現在1000人以上のCAネットワークからなる総合情報サイト「CAメディア」を運営していますが、多くのメンバーとやりとりするなかで「具体的褒め」を意識するようにしています。

そうすることで信頼関係も深まり、最初は仕事上だけだった関係もプライベートにまで発展し、かけがえのない仲間を増やすことができました。

とはいえ、忙しいときなどは「本当はもっと丁寧なメールを送りたかったのに……」など後悔することもあります。

そんな私が「具体的褒め」の達人として尊敬しているのが、前著『キャビンアテンダント5000人の 24時間美しさが続くきれいの手抜き』に引き続き編集を担当してくださった青春出版社の深沢美恵子さんと、本書のきっかけとなった記事を執筆する機会をくださった「Forbes JAPAN」編集部の石井節子さんです。

お2人とも、とにかく褒め上手！　メールだけでも気持ちが伝わるような言葉のチョイスや表現の仕方は、さすが言葉を操る編集者ならではだといつも感激しています。そのお陰で、私はとても楽しく気持ちよく執筆を続けることができました。


深沢さん、石井さんをはじめ、忙しいなか貴重な経験談を惜しみなくお話ししてくださったCAメディアメンバーの皆様、日頃からCAメディアを支援・応援してくださっている皆様、そして私達CA・元CAに多くの学びの機会を与えてくださった乗客の皆様に、心から感謝申し上げます。

取材協力CAプロフィール

浅井厚衣(あさい あい) エアライン講師／研修講師

元日系エアライン客室乗務員。

幼少期よりCAを目指し就職活動でエアライン各社を受験するも、全社敗退。そこから既卒受験で毎年受験を続け、新卒の受験敗退から約6年後、日系エアラインにCAとして入社。

何年も不合格を繰り返した自身の経験をもとに、頑張らないことで合格が近づく試験突破法を生み出し、現在はエアライン講師として、エアラインを目指す受験生のサポートや、空港等の研修講師として活動する。

阿部円香(あべ まどか) イメージコンサルタント／音声心理士

元日系エアライン客室乗務員。

約10年にわたりCAとして勤務し、国際線ビジネスクラス・ファーストクラスも数多く経験する。

結婚・出産を機に退職し、アメリカに渡る。世界のスタンダードに劣らない日本にしたいという思いで、現在は日本でイメージコンサルタントとして活動中。

音声心理学をもとに、クライアントの思考パターンと魅力を分析し、外見プロデュースをおこなうなど、紹介制でのコンサルティング、企業研修、人財開発に携わる。

大高千穂美(おおたか ちほみ) プライベートクリニック勤務

元外資系エアライン客室乗務員。

エコノミークラス・ビジネスクラス・ファーストクラスの全クラスを経験後、副責任者に就任。羽田空港就航便も担当する。その後、航空業界の知識をさらに広げるべく、複数の航空会社のグランドスタッフとして勤務。

現在は海外のVIPや外交官達を多く患者様に持つプライベートクリニックに勤務する。

香山万由理（かやま まゆり）　**エグゼクティブ・マナー・コンサルタント**

元日系エアライン客室乗務員。

国際線ビジネスクラス・ファーストクラスを含め、約10年半勤務。CS（顧客満足）表彰を受け、皇室フライトも担当するなど幅広く活躍する。

現在はエグゼクティブ・マナー・コンサルタントとして、一流のサービスが求められる企業や経営者・士業・ドクターなど組織のトップリーダー向けに、信頼と品格を上げるためのエグゼクティブ接客マナー研修をおこなう。

神原李奈（かんばら りな）　**栄養士・食育栄養インストラクター**

元日系エアライン客室乗務員、現外資系エアライン客室乗務員。

CA時代の不規則な食生活から健康と食の強い結びつきを実感し、大手料理教室の講師の経験を経て、自宅でパン教室を開く。その後、栄養士養成専門学校に入学し、栄養士免許を取得。

現在は外資系エアラインでCAをしながら、栄養士として健康や食に関する情報を発信している。

田中公子（たなか きみこ）　**企業顧問**

元日系エアライン客室乗務員。

CAとして約30年間勤務する。訪れた国は50ヵ国以上。要人フライトも数多く経験する。その間、訓練センターや客室サービス企画部で人財育成やサービス品質マネジメント等に携わる。

現在は、これまでの経験を活かし、複数の企業の顧問として活動している。

濵田結香（はまだ ゆうか） 政府系金融機関受付

元日系エアライン客室乗務員。

新卒で大手広告代理店に入社し、航空会社や化粧品メーカーなどの広告運用を担当。

カスタマーフロント職の第一線であるCAへの憧れが芽生え、一念発起し既卒で日系エアラインに入社。CAとして国内線、国際線ともにフライトを経験。

結婚を機に退職し、現在はCA時代に鍛えられたスマートなおもてなしを活かし、政府系の大手金融機関で受付業務に従事する。

藤田恵梨（ふじた えり） With Hospitality代表

元日系エアライン客室乗務員。

国内・国際線の客室責任者と兼務し、接遇向上委員として現場CAのモチベーションアップを目的とした「CA·GS総選挙」「空飛ぶメッセンジャー」など会社設立後初の新サービスを導入。JCSI 日本顧客満足度調査8年連続1位獲得に貢献。

現在はホスピタリティ講師として思いやりと感謝の気持ちを軸に、「自ら考えて行動できる人」を増やすべく企業・自治体・大学での人財育成に注力している。

藤原絵里（ふじわら えり） 女優

元外資系エアライン客室乗務員。

仲居、医療事務の経験を経て、既卒で外資系エアラインに入社。国際線エコノミークラス・ビジネスクラス・ファーストクラス・エコノミークラス責任者を担当。

英語を学ぶため休職し、ワーキングホリデーで2年間ロンドンに滞在。その後は復職せずイラク人社長の秘書としてさまざまな国際的プロジェクトにかかわる。

31歳から女優へ転身。映画、CM、ミュージカルなど、幅広く活躍中。

森下あさみ(もりした あさみ) 婚活マナー講師

元日系エアライン客室乗務員。

リッツ・カールトン東京など、一流ホテルにてサービス業を極める。その後既卒で日系エアラインに入社。CAとして約5年乗務する。

現在は婚活マナー講師として、身だしなみや立ち居ふるまい、マインド、テーブルマナーなどの講座を主催する。

若狭遥(わかさ はるか) エクゼクティブアシスタント

元日系エアライン客室乗務員。

国際線ビジネスクラス・ファーストクラスを含め、CAとして約9年勤務。

客室訓練室の教官職も務め、中堅CAや外国人CAの育成に携わる。

海外でも通用する人材になりたいという想いで、2015年末にシンガポールへ渡り、ホテルの海外営業、不動産投資営業を経て、現在はトリリンガルワーカーを目指して、投資ファンドのエグゼクティブアシスタントとして働く。

和倉奈緒恵(わくら なおえ) サロン経営

元日系エアライン客室乗務員。

約13年のCA生活のなかで、ニューヨーク線、ロンドン線などのファーストクラスを数多く担当。新人教育やタイ人CA教育にも携わる。

現在はCA時代の接客スキルや美容知識を活かし、スキンケアサロンを経営。ノーファンデで快適に過ごすためのスキンケア習慣を指導している。

著者紹介

清水 裕美子 （しみず ゆみこ）

CAメディア代表取締役。元日本航空客室乗務員。国内線を経て、国際線ビジネスクラス・ファーストクラスなどを担当。退職後は、CA流美容コンサルタントとして独立。百貨店でのセミナー、All Aboutビューティーガイドとしての活動を通して、数多くのWebメディア、雑誌などでCAの美容法を体系化し紹介する。

その後、日本初のキャビンアテンダントが発信する総合情報サイト「CAメディア」を設立。航空会社の枠を超えた1000人以上のCAネットワークから情報を発信している。

また、好きなことを仕事にし、弾力性のあるサスティナブルな働き方、ライフスタイルをクリエイトする現役CA・元CAのコミュニティ「CA Lifestyle Creations（CAライフスタイルクリエーションズ）」を主宰している。

著書に『24時間美しさが続く きれいの手抜き』（小社刊）がある。

ファーストクラスCAの心《こころ》をつかんだ
マナーを超《こ》えた「気《き》くばり」

2020年8月1日　第1刷

著　者　清《し》水《みず》裕《ゆ》美《み》子《こ》
発行者　小澤源太郎

責任編集　株式会社 プライム涌光
電話 編集部 03(3203)2850

発行所　株式会社 青春出版社
東京都新宿区若松町12番1号 〒162-0056
振替番号 00190-7-98602
電話 営業部 03(3207)1916

印刷 中央精版印刷　製本 大口製本

万一、落丁、乱丁がありました節は、お取りかえします。

ISBN978-4-413-23163-3 C0030